増補・新版

戦国武将「旗指物」大鑑

加藤 鐵雄
著

えにし書房

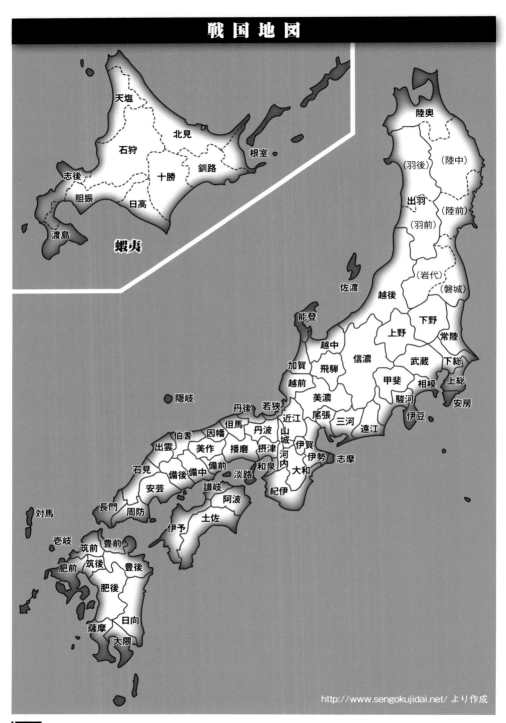

まえがき

　旗は美しい。いつのころからか日本の旗指物の美しさに心を奪われるようになった。昔戦国の武士たちは、戦場から戦場への生涯を送った。合戦図屏風には国の存亡を賭けて戦う武将や、たとえ己は戦いで死んでも自分の功を妻子や子孫に残すために命がけで旗を守った武士たちが随所に描かれており、その真に迫る姿が見る者の胸を打つ。

　拙著の初版（2010年10月）に当たっては、筆者はその数年前からできるだけ多くの旗指物の画像や、形、色などの情報を集めてきた。「諸将旌旗図屏風」を中心に絵巻や合戦図屏風などの旗画像を調査し、結果として400余旗を掲載・出版することができた。

　この度まことにありがたいことに、読者のご支援をいただき新たに改訂・増補版を出版することとなった。改訂・増補に当たっては、大坂の陣に参戦した武将・大名、他合わせて24人、旗印等35本を追加し、さらにコラムを追加、改訂した。一層のご指導、間違いのご叱正、ご指摘を賜るよう衷心よりお願いしたい。

　「旗指物」には、長旗や幟旗と、これを小型にした旗や指物、馬印や大馬印などがある。本書ではこれらの内、原則として旗の形をしたものを掲載対象とし、長旗や幟旗、大将の陣幕のそばに十数本あるいはそれ以上の本数を立て武威を示した同一旗紋の「数幟（かずのぼり）」などを「旗印」、より小型あるいは時に巨大な四半、四方など方形のものを四方、四半、馬印、大馬印などとし、室町末期以後に多く現れた吹流しや唐傘などの指物は原則として掲載対象から外した。また、掲載した旗は、おおよそ応仁の乱（1467）以降江戸初期（1650）ころの旗までを対象とした。

　旗画像については、主として高橋賢一氏の著書全般、『諸将旌旗図屏風』静岡市芹沢美術館蔵、『戦国合戦絵屏風集成　巻1〜6』中央公論社、『大阪方諸将旌旗幷指物等之図』所載『賜蘆拾葉』国立公文書館東京蔵、『大坂両陣関東諸将軍器詳区』国史研究会、『いくさ場の光景』大阪城天守閣収蔵・戦国合戦図屏風展などから多くを引用、参照させていただいた。これらの参照した史・資料は最終頁の「参考文献」に記載したので参照されたい。

　改訂・増補版出版については初版に続き、えにし書房の塚田敬幸社長に大変お世話になり、ご指導いただいた。こころから感謝の意を表します。

　　　　　　　　　　　　　　　　　　　　　　2016年6月　加藤鐵雄

もくじ

まえがき……………………… 003
旗・指物の歴史……………… 008
青木一重……………………… 014
青木重兼……………………… 015
青山幸成……………………… 016
秋月種春……………………… 017
明石全登……………………… 018
秋田実季……………………… 019
秋田俊季……………………… 020
コラム 一…………………… 021

旗指物、旗印、指物

明智光秀……………………… 022
朝倉義景……………………… 024
朝倉景健……………………… 025
浅野幸長……………………… 026
浅野長晟……………………… 027
浅野長重……………………… 028
足利義昭……………………… 029
阿部正次……………………… 030
有馬豊氏……………………… 031
有馬直純……………………… 032
安国寺恵瓊…………………… 033
安藤重長……………………… 034
コラム 二…………………… 035

旗の分類と名称

井伊直政……………………… 036
井伊直孝……………………… 038
池田恒興……………………… 039
池田利隆……………………… 040
池田光政……………………… 041
池田忠継……………………… 042
池田忠雄……………………… 043

池田輝澄……………………… 044
池田政綱……………………… 045
池田長幸……………………… 046
コラム 三…………………… 047

旗の部位名称と寸法

生駒一正……………………… 048
石川数正……………………… 050
石川忠総……………………… 051
石田三成……………………… 052
板倉重宗……………………… 054
伊藤祐慶……………………… 055
伊東長実……………………… 056
稲垣重綱……………………… 057
稲葉良通……………………… 058
稲葉典通……………………… 059
稲葉一通……………………… 060
稲葉正勝……………………… 061
稲葉紀通……………………… 062
井上正就／正利……………… 063
今川義元……………………… 064
コラム 四…………………… 065

旗の素材と製法

上杉謙信……………………… 066
上杉景勝……………………… 068
宇喜田秀家…………………… 069
遠藤慶隆……………………… 070
大内義隆……………………… 071
大久保忠世・忠佐…………… 072
大谷吉継……………………… 073
大田原晴清…………………… 074
大友宗麟……………………… 076
大野治長……………………… 077
大野治房……………………… 078
大村純信……………………… 079

小笠原秀政	080
小笠原政信	082
小笠原忠真（忠政）	083
奥平家昌	084
織田信長	085
織田長益	086
織田信雄	087
織田信孝	088
織田信則	089
織田高長	090
落合道久（左平次）	091
片桐且元	092
加藤清正	093
加藤忠広	094
加藤泰興	095
加藤嘉明	096
亀井茲政	098
蒲生氏郷	099
吉川広家	100
木下家定	101
木村重成	102
木下利房	103
木下延俊	104
京極高知	105
京極忠高	106
コラム五	107

漢和字典にみる旗

九鬼守隆	108
朽木稙昌	110
久留島通春	111
黒田孝高	112
黒田忠之	113
黒田長興	114
黒田長政	115
桑山一直	116
高力忠房	117
小出吉英	118
小出吉親	119
後藤基次	120
小西行長	121
小早川隆景	122
小早川秀秋	123
斉藤道三	124
斉藤利三	125
酒井家次	126
コラム六	127

旗の色と形

酒井忠世	128
酒井忠勝	130
榊原康政	131
榊原康勝	132
佐久間盛次	133
佐久間盛政	134
佐久間信盛	135
佐々成政	136
コラム七	137

巴の右向き、左向きと旗紋の関係

佐竹義宣	138
真田幸隆	140
真田信綱	141
真田昌輝	142
真田昌幸	143
真田信之	144
真田信繁（幸村）	145
真田信吉	146
柴田勝家	147
島　清興	148
島津義弘	149

島津家久（忠恒）	150
島津豊久	151
島津忠興	152
新庄直定	153
杉原長房	154
コラム八	155

定紋と替紋、女紋

千石秀久	156
宗　義成	158
高山右近（重友）	159
武田信玄	160
武田勝頼	162
武田信廉	163
武田信繁	164
立花宗茂	165
伊達政宗	166
伊達秀宗	168
田中吉政	169
長宗我部盛親	170
津軽信牧	171
筒井順慶	172
寺沢広高	173
土井利勝	174
藤堂高虎	176
徳川家康	178
徳川秀忠	180
徳川義直	181
徳川頼宣	182
徳川頼房	183
戸川逵安	184
戸沢政盛	185
豊臣秀吉	186
豊臣秀長	187
豊臣秀次	188
豊臣秀頼	189
鳥居元忠	190
内藤政長	191
内藤正成	192
直江兼続	193
永井尚政	194
中川清秀	195
中川久盛	196
鍋島勝茂	197
鍋島元茂	198
南部利直	199
丹羽長秀	200
丹羽長重	201
野々村幸成	202
長谷川守知	203
蜂須賀正勝	204
蜂須賀家政	205
蜂須賀至鎮	206
馬場信房	207
速水守久	208
土方雄氏	209
塙　直之	210
日根野吉明	211
一柳直盛	212
コラム九	213

日本の久留子紋と世界の十字架

福島正則	214
古田重勝	216
不破直光	217
北条早雲	218
北条氏康	219
北条氏政	220
北条氏宗	221
保科正光	222

細川忠興	223
堀田正高	224
堀尾忠氏	225
堀尾忠晴	226
堀　秀政	227
堀　親良	228
堀　直寄	229
本多忠勝	230
本多忠政	231
本多康俊	232
本多俊次	233
本多利長	234
本多康紀	235
コラム十	236

旗奉行

前田利家	237
前田利常	238
前田利孝	239
牧野康成	240
牧野忠成	241
益田時貞	242
コラム十一	243

**「島原の乱図屏風」に見る
島原・天草の乱および旗印**

松倉重政	245
松下重綱	246
松平伊忠	247
松平忠明	248
松平忠次	249
松平忠直	250
松平忠良	252
松平直基	253
松平信綱	254
松平康長	255
松平康重	256
松平昌勝	257
松浦鎮信	258
松根弘親	260
水野勝成	261
水谷勝俊	262
溝口宣直	263
向井忠勝	264
村上義清	265
毛利勝永	266
毛利元就	267
毛利輝元	268
毛利秀就	269
毛利秀元	270
毛利高政	271
最上義光	272
森　長可	273
森　忠政	274
山県昌景	275
山崎家治	276
矢沢頼綱	277
山内一豊	278
結城秀康	279
脇坂安治	280
脇坂安元	281
コラム十二	282

相馬野馬追……遥かなる歴史

参考文献一覧	284
あとがき	286

旗・指物の歴史

家紋のはじまり
家紋とは

　長い歴史を経て日本の家紋は世界に類を見ない国民皆紋となった。しかし太平洋戦争後、従来の家制度は解体し、現在家紋は日本人の「心のふるさと」のような存在となっている。この家紋はどのようにして生まれ、発展してきたのだろうか。平氏や源氏は本来「家紋」とは言わず、公家も「家紋」でなく「称号」というが、家紋はもともと「家名」、「家号」を形で示したものであり、家長を中心とした家族の概念が成立してはじめてできたものである。また、世界で家紋（紋章）を持っているのは、日本とヨーロッパ諸国（キリスト教国）だけである。日本の家紋と西洋の紋章は、お互いに何の関係もなく発達したにもかかわらず、類似点が非常に多い。日本では「家紋」が家を単位にしているのに対し、西洋の紋章は個人単位である。日本・西洋ともに家紋・紋章が発生したのは11世紀後半、平安時代末期であり、封建制度が確立された時代と重なる。その後、日本では家紋は時代とともに広がり、身分に関係なく国民すべてが家紋を持つまでに発展したが、ヨーロッパの紋章は貴族専用である。日本、ヨーロッパともに旗と家紋・紋章はお互いに密接なつながりの中で発展してきた。

平安時代　794〜1180
公家紋のはじまり

　一般的には、公家の紋章は武家の紋より早く成立したといわれる。894年遣唐使が廃止されるころになると、それまで唐伝来の文化の影響が薄れ、貴族の間に花鳥風月を愛でる日本人独自の感性に基づく文化が広まった。ヨーロッパの紋章が威嚇的な動物や架空の鳥などを用いたのに対し、日本の家紋は自然の花、草、木や霞などをモチーフに使ったものが多いことに大きな特徴がある。公家たちはそれぞれの好みの形を牛車や衣装に織り込み、家の中の器物に模様をつけ、この過程で家紋の基本的な形が作られた。

『平治物語絵巻』東京国立博物館ホームページ　牛車に九曜紋

武家紋のはじまり

　もとより旗は、祭りの時に神が降臨する場所を示すものであり、神に降臨・加護を願う招代（おぎしろ、神が地上に降臨するときの梯子）、依代（よりしろ、神が地上に現れるときに宿るもの）であった。白旗は清浄無垢で神を招くには最も適した色であり、赤は魔除けの色。いずれの色も神の守りを得るための重要な祭具であり、平和的利用が主であった。平安時代末期、12世紀中ごろから終わりにかけて保元の乱（1156）、平治の乱（1159）、源平の争乱（1180）と続く中で武家が台頭し、戦いの中で敵味方を識別する切実な必要に迫られた。源平の戦いでは源氏は総白の旗、平家は総赤の旗を翻し戦う姿が源平盛衰記にいくつも見られる。この時期、保元・平治の絵巻も含め既に黒の三つ引きやその他の旗紋付の旗が用いられていた。

『源平盛衰記絵巻』
神奈川県立図書館蔵
青幻舎　2008

「源平合戦図屏風」右隻
写真提供　徳島市徳島城博物館　個人蔵

しかし、1190年ごろには、木製の楯や家の幕の周りに張り巡らす幕飾り、本陣幕などの「紋幕」が普及した。このことは当時家紋が広く武家や一般にも行きわたっていたことを意味する。下図の紋幕には後の時代に使われた数々の家紋がすでに存在している。

「曽我兄弟の館廻り」（曽我兄弟 1193）（江戸時代の作）『日本紋章学』沼田頼輔　新人物往来社　掲載

公家紋から武家紋への広がり

公家は既に京都を中心に多くの家紋が生まれ定着し、日常生活を華やかに飾っていた（例：下図左3紋）。その形は貴族趣味的な洗練されたものとなり、日常生活の中から生み出された牡丹や蔦、竜胆、杜若、桐などの紋章が生まれた。武家はそうしたものに憧れながらも、生死をかけた戦いの中で敵味方を識別するために遠くからも判別できるように単純で力強いデザインを好み、団扇や目結、大中黒などの紋が広がっていった（例：下図右3紋）。

九条藤（九条家）

新田一つ引

近衛牡丹（近衛家）

足利二つ引

正親町連翹（正親町三条家）

隅立て四目

鎌倉時代　1185～1333

鎌倉幕府を開いた源頼朝は神聖な総白の旗を自分の旗とし、部下がこれを真似て使うのを嫌った。その代わりに白旗にそれぞれの家紋や様々な形をつけさせたことが紋付旗のはじまりといわれる。

文永11年（1274）、弘安4年（1281）には蒙古が襲来し、武士が一団となって防戦したが、このときの様子が「蒙古襲来絵詞」に残っている。ここにある流れ旗は、旗に紋が見られる日本最初の記録といわれる。「流れ旗」とは一幅の長い布（絹または麻）の上部に竿と直角に横木をつけ、これにヒモをつけて旗竿の頂点に結びつけた旗をいい、また旗布が長いことから長旗ともいった。長旗は祭具として古くからあったが、鎌倉から室町時代にかけて武威を示すためにさまざまな紋や図形を掲げることが広がった。

「蒙古襲来絵詞」

一方、蒙古軍も様々な色・形の旗を掲げており、同じ時期、ヨーロッパでも第二次十字軍の東欧遠征が終わり、紋章は中世騎士道の象徴としてますます広がりつつあった。

同上　蒙古軍

室町時代　1334〜1485

　室町時代になると公武ともに家紋はますます重視された。既に皇室の紋章として権威のあった「菊」や「桐」紋を朝廷の正式の紋として定め、功労のあった臣下に対し名誉の恩賞として下賜するようになり、紋章のついた旗に対しても敬意を払うようになった。下図左3旗は光厳天皇から足利氏に与えられ白地錦御旗および白帛引両御旗、白帛桐御紋旗、右3旗は楠正成が後醍醐天皇から与えられた菊水紋旗である。

『旗指物』
高橋賢一　人物往来社

『武家の家紋と旗印』
高橋賢一　秋田書店

　後醍醐天皇の親政が武士層の離反によりわずか3年で崩壊し、南北朝の分裂を経て騒乱が長期化すると、戦いの規模が大きくなり武士階級は同門、同族であっても敵味方に分かれて戦うようになった。このため旗の紋も明確に他と分別できるよう様々な形に変化し、また新しい形が生まれた。
　このことが家紋の数を増加させ、それにより旗紋もまた増加した。さらに、遠目が効くようにするため、それまでの赤対白といった図式から様々な色の旗や旗紋を用いるようになった。
　また、応仁の乱後、旗を旗竿およびその上部横棒に乳を通して動かないようにする「乳付旗」が発明され、これを「幟」とも呼んだ。この方式はそれまでの手長旗・流れ旗が風に流されたり竿にからまったりして紋が見えにくいのに比べ風の影響が少ないため急速に広まった。このころ、当時の紋章を収録したわが国最初の『見聞諸家紋』が発行されている。紋の数が多くなり、文書による管理の必要性が高まったものと思われる。

戦国時代　1493〜1560

　応仁の乱（1467〜1477）の大乱が終わるころ、ときの幕府の力は衰え、土地制度の崩壊が進んだ。このとき以来、低い身分であっても実力のある者だけがのし上がっていく下克上の時代に突入した。
　戦いに動員される人数はますます増え、一騎打ちより集団戦へと変化し、戦場も広大になった。生死を賭けた戦場では己の味方、自分の主家の旗は常に武士たちの心の支えであった。このため、旗の役割はますます重要になり派手になった。自分の旗は、たとえ己が戦場で死んでも、妻子や子孫に戦いの功績を伝える重要かつ有効な手段であった。そのため目立ちやすく、功を立てたとき他人に間違がわれたり、他人に功を奪われないために容易に見分けられるものとして〇△×などの単純な形の組み合わせが多く用いられるようになった。旗の形にものちの四半や四方の原型となる小型の背中に指す旗や部隊の統一旗「番指物」などが現れた。これらの旗を覚え、戦果を確認しなければならない大将も大変な苦労であった。

安土桃山時代　1568〜1600

　この時代には戦いの規模がさらに大きくなり、多くの戦いが天下を賭けた総力戦の様相を呈するようになった。1543年に伝来した鉄砲は戦国末期のころから大量に導入され、戦闘方式がさらに大規模な集団戦となり、味方の軍団および個人を特定する手段がますます重要になった。本陣に掲げる幟旗はますます大きくなり、一方で己の旗幟を明らかにし自分の軍功を確実に味方に伝えるために自己を顕示するさまざまな形の旗や、到底旗と呼ぶことはで

きないアブストラクトのような指物が多く作られるようになった。さらに、乳付旗を小型にした「四方」（正方形）あるいは「四半」（四角にその2分の1を足した長さ）が多く用いられた。「馬印」が生まれ、「大馬印」などに変化した。『古事類苑』（江戸時代刊行・文献30）には「指物」、「馬印」について次のような説明がある。

「指物はまた差物、捺物等の字を用い……戦場の標識にして……その旗には無地を以ってするあり、書画を以ってするあり、……団扇を以ってするあり、……元亀（桃山時代1570～1573）のころまでは総て短小なりしが漸次長大に変じ、後には別に人をして指物を執らしめるに至り、是れを指物持ちと云う」。

「馬印」はウマジルシと云い、……ウマジルシとは大将の馬前または馬側に立てて以って標とするより云い、……天文（室町後期1532～1555）のころより用起こりしもの。ウマジルシは……自ら持つことなく、必ず人をして持せしむものにて、……これを馬印持と云う」。

これらの旗や指物は、姉崎合戦、長篠合戦、山崎合戦に多く現れ、関が原の戦いでその頂点を迎える。下図は『武用弁略 巻之五 指物』刊行 江戸時代 に描かれたさまざまな形をした指物である。指物には、旗に分類されるものと個人の好みで作った標識がある。「指物」は旗類と旗以外とが明確に分別されず、同格のものとして扱われている。

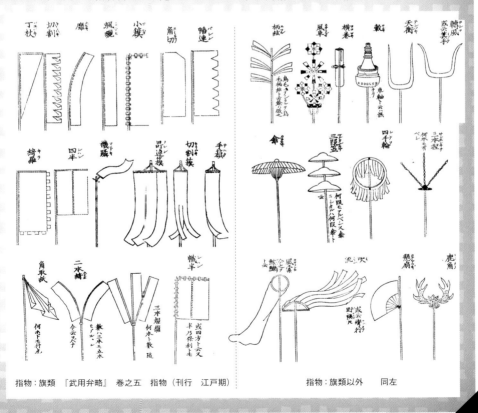

指物：旗類　『武用弁略』　巻之五　指物（刊行　江戸期）　　　　　指物：旗類以外　　同左

以下に旗以外の指物も描かれている合戦図屏風を示すが、こういった形のものは古代ローマ時代以来世界中に存在した。人はやはり発想がどこかでつながっている。

上部に吹貫、四手輪、幡連（ばれん）、二本靡（なびき）、大団扇などがある。

「関が原合戦図屏風」津軽屏風（『戦国合戦絵屏風集成』中央公論社　掲載）

世界の"指物"の例を見ると、左からイラン7世紀、イングランド7世紀、モンゴル13世紀、エチオピア14世紀、メキシコ16世紀。これらは「ヴェキシロイド」と呼ばれる。

「世界大旗章図鑑」W. Smith 平凡社　昭和52年掲載

江戸時代　1603〜1867

徳川家康は関が原の戦、大阪夏の陣、冬の陣を経て、慶長8年（1603）江戸幕府を開くと、戦いは大方無くなった。慶長16年（1611）家康は朝廷より菊紋を下賜されたが断り、「葵」の紋の権威を高め、一族がその形を少しずつ変えてそれぞれの家紋とし、旗紋に掲げた。

しかし、この後、元和元年（1615）元和偃武を迎え武家の旗は出番を失っていく。やがて参勤交代が制度化され、戦いのシンボルであった旗指物は使わなくなった。時とともに武家の端午の節句に旗指物が飾られるようになり、儀礼的な旗に姿を変えた。さらに、神社や仏閣に対する奉納幟にとって代わられ、武家の子供の誕生を祝う誕生幟となり、元禄以降に登場する巨大な「江戸期の絵幟」へと引き継がれていく。

近世 1868〜

近世になると、神社仏閣に残る幟に戦国の名残りをとどめるだけとなった。幕末には一時期かつて使われた旗指物が活躍したものの、1868年明治維新を迎え近代国家の仲間入りをするとともに、戦国時代に華やかであった旗指物は西欧式の横長の旗にとって代わられた。今は天皇家のさまざまな儀式の旗（皇室の旛）や祭の旗として長旗の美しい姿を輝かせている。

戦国武将の旗指物

家紋・旗紋

経歴

家系図

青木一重

あおき かずしげ

天文20～寛永5年（1551～1628）

「三つ盛洲浜」

「富士山に霞
（青木富士）」

「丸に木の字」

■ 家紋と旗紋
青木宗家の家紋には「三つ盛洲浜」、「富士山に霞（青木富士）」、「木の字」がある。「木」は青木の「木」の字をデザインしたもので、のちに「丸に木の字」紋になったものと思われる。「洲浜」は中国蓬莱島の湾の形をとっためでたい紋。「大坂夏の陣図屏風」黒田屏風（文献49掲載）右隻には、青木民部少輔一重の紺地旗の富士頂上に御神火が描かれており、この旗で神の加護を祈った。なお黒田屏風の富士には家紋についている霞がついていない。

■ 経歴
家康に仕え、元亀元年（1570）姉川合戦で朝倉方の勇士真柄十郎を討ち勇名を馳せた。その後丹羽長秀、次いで秀吉に仕え、摂津国豊島郡他に1万石。慶長5年（1600）関ヶ原の戦いののち豊臣方に出仕。大坂夏の陣前に豊臣秀頼の使者として駿府で家康と会見したが、抑留された。大坂落城後出家し、のち摂津浅田藩初代当主1万石。

家系図
重直 ─┬─ 一重 ─── 重兼
　　　└─ 可直 ─── 道澄

旗印
紺地に富士と御神火、水色の招き
「大坂夏の陣図屏風」 黒田屏風
（文献49掲載）大阪城天守閣蔵

あおき　しげかね

青木重兼

慶長11～天和2年（1607～1682）

「三つ盛洲浜」

「富士山に霞（青木富士）」

「丸に木の字」

■ 家紋と旗紋
家紋は青木一重と同じ。兄一重の旗紋は「富士御神火」を描いたが、重兼は御神火のない富士とその裾野に「青木富士」紋の霞模様をより単純な形で描いている。山の頂上に峰を三つ作られたものが富士山とされる。

■ 経歴
一重の長男が病弱だったため、重兼が一重から家督を継いだ。摂津麻田藩二代藩主。晩年は家督を捨て出家した。

家系図
重直 ─┬─ 一重 ─── 重兼
　　　└─ 可直 ─── 道澄

旗印
黒地に白抜きの富士
「諸将旌旗図屏風」
（文献48掲載）
静岡市芹沢美術館蔵

あおやま　よしなり

天正14～寛永20年（1586～1643）

青山幸成

「青山菊（葉菊）」

旗印
青地に白の「山」一字
（文献44掲載）

■ **家紋と旗紋**
以下の家系図にある大名、旗本諸家が「葉菊」を定紋とした。この紋は「青山菊」といわれ、南北朝時代、祖先が南朝に組したおり、「日月、菊紋の錦の御旗を給う。このときにあたりて、楠木家の旗紋もまた菊花なるがゆえに、これにわかたんがため両葉をくわえて代々家紋にもちう」（「寛政重修諸家譜」）としたことから葉菊とした（文献46掲載）。

■ **経歴**
安土桃山時代から江戸時代の武将、大名。幸成別名よしなり。徳川氏譜代家臣青山忠成の4男。秀忠に仕え、大坂の陣に参戦。遠江掛川藩主、摂津尼崎藩初代藩主、郡上藩青山家初代藩主。藩政改革に注力した。享年59。

■ **家系図**

大馬印
同左
（同左）

あきづき　たねはる

秋月種春

慶長15～万治2年（1610～1659）

「七宝に花角」

「秋月撫子」

■家紋と旗紋
秋月家の家紋は「七宝に花角」、替紋に「三つ撫子（秋月撫子）」。「三つ撫子」は古くからの伝承の紋。種春は「七宝に花角」紋の「花角」の部分だけを旗紋に掲げた。

■経歴
日向国高鍋藩二代藩主。父種貞が病弱だったため祖父種長の跡を種春が相続した。

家系図

　　　　　（采女）
種長 ── 種貞 ── 種春 ── 種信 ── 種政 ── 種弘

旗印
紺地に白の花角
「諸将旌旗図屏風」（文献48掲載）
静岡市芹沢美術館蔵

あかし　てるずみ

永禄9年～不明（1566～？）

明石全登

「竹丸に桐」

■ 家紋と旗紋
家紋は「竹丸に桐」。しかし、熱心な切支丹であった全登は旗紋に「花久留子」を使った。「大坂夏の陣図屏風」黒田屏風、右隻第5扇には全登の旗と考えられている「白地に花久留子」の旗が描かれている。この花久留子の形は一般的な「花久留子」紋とはやや形が違い、先がやや尖っている。秀吉、家康がキリスト教に対して、ますます厳しい政策をとる中で十字をつけた旗は少ない。

■ 経歴
全登はノリズミ、ゼントウ、テルズミともいわれる。宇喜田秀家の臣、保木城主明石景親の長男。慶長5年（1600）関ヶ原の戦いでは豊臣方に味方し、秀家に従って戦ったが敗れて没落した。大坂冬・夏の陣では西軍に従って参戦後、自殺したとも逃亡したともいわれるが、切支丹であった全登が戒律を破って自殺したとは考えにくい。

家系図
景親 ── 全登 ── 景行

旗印
白地に花久留子二つ、白の招き
「大坂夏の陣図屏風」黒田屏風（文献49掲載）
大阪城天守閣蔵

あきた　さねすえ

秋田実季

天正4～万治2年（1576～1659）

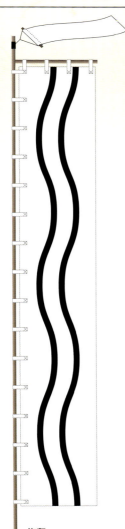

旗印
白地に黒の二条の山道
『大坂両陣関東諸将軍器詳図』（文献24掲載）

「檜扇に鷹の羽違い」

「唐獅子牡丹」

■家紋と旗紋
平安、鎌倉時代からの継承といわれる安東家を継いだ秋田家には、みやびな家紋「檜扇に鷹の羽違い」（のち秋田扇）と「唐獅子牡丹」（秋田牡丹）があった。そのわりに旗紋は単純明快な「黒の二条の山道」を用いた。実季、俊季親子は同じ山道を旗紋とし、地色を変えて区別した。

■経歴
出羽湊城主。天正15年（1587）父愛季の跡を継ぎ、現在の秋田県北部を制圧、秀吉から所領5万2千石を安堵され、朝鮮派兵、伏見築城で活躍。大坂の陣に従軍したが、寛永7年（1630）落度があったとして伊勢国へ流された。歌道、文筆、茶道にも優れた教養人。

家系図

秋田俊季

あきた　としすえ

慶長3～慶安2年（1598～1649）

「檜扇に鷹の羽違い」

「唐獅子牡丹」

■家紋と旗紋
（秋田実季参照）。

■経歴
秋田実季の長男。徳川方に味方し、大坂の陣に徳川方として出陣。寛永7年家督を継ぎ、正保2年（1645）陸奥三春藩5万5千石。

家系図

旗印
赤地に黒の二条の山道
「諸将旌旗図屏風」（文献48掲載）
静岡市芹沢美術館蔵

旗指物、旗印、指物

旗の基本的な形

戦、武用の旗の基本的な形は、鎌倉時代に長旗（流れ旗）が一般的なものとなり、やがて番指物が生まれた。室町時代の末には幟（乳付旗）が広まり、安土桃山時代になると指物、馬印が生まれ、驚くほどのバラエティーに富んだ指物へと発展した。しかし、この他にもさまざまな旗の名称があり、その意味するところは時代とともに変化し、必ずしも一定ではない（「安土桃山時代」の項および『武用弁略』の旗および指物図：9〜10ページ参照）。

旗の総称

旗指物・指物 旗と指物は本来別なものをいった。「旗」はもともと鎌倉時代から用いられた大型の「流れ旗（長旗）」や室町末期に生まれた「乳付旗」や旗竿を通す部分を袋縫いにした「幟旗」を意味した。これに対し、「指物」は室町時代末期に個人の標識として、また部隊の統一旗（「番指物」）として使われ始めたものが、安土桃山時代に爆発的に発展したものである。

「指物」には「吹流し」や「懸扇」、「三段笠」などなどがあり、通常正方形や長方形の布で作られた「旗」という概念からは遠く、飾り物と表現した方が適切なものも少なくない。現在は幟旗（乳付旗）や流れ旗などの「旗」および「指物」両方の総称として使われることが多い。当時は旗を「指物」、指物を旗の一種である「馬印」と呼んだりすることもあってその意味は一定でない。

旗印　「旗標」とも書く。もともと戦場で目印としてつける紋所、文字または種々の形をいうが、やがて旗指物と同じく幟旗（乳付旗）や流れ旗の名称あるいは旗や指物全体の総称として使われた。しかし「旗を揚げる」や「旗色が良い・悪い」などの表現からみると「旗印」の旗は一般に「旗」の意味と解釈できる。本書に掲載する幟旗、番指物、馬印などの旗説明の項はすべて「旗印」とした。

「旗指物の歴史」でも述べたが、以下に流れ旗、幟旗、指物の具体例を示す。

流れ旗
後醍醐天皇　隠岐脱出、船山へ
元弘3年（1333）New York Public Library, Spenser Collection　図説『太平記の時代』佐藤和彦　河出書房　1990年掲載

幟旗（乳付旗）
「長篠合戦図屏風」奥平家昌の旗印
「戦国合戦絵屏風部集成」（文献49掲載）

指物
「長篠合戦図屏風」画像左から秀吉の瓢箪に幣、烏毛丸（黒い烏毛の輪）、赤の靡、吹貫（吹流しの形）、赤白青の三本靡幟「戦国合戦絵屏風集成」（文献49掲載）

明智光秀

<small>あけち　みつひで</small>

旗印
水色地に白の桔梗（推定）
『明暦版　御馬印』、
『明智系図』

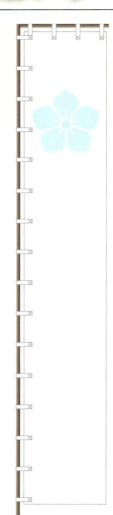

旗印
白地に水色桔梗（推定）
出典同左

馬印
白紙の四手撓
『総見公武鑑』

享禄元？～天正10年（1528？～1582）

「水色桔梗」

■家紋と旗紋
家紋、旗紋ともに桔梗を用いた。家紋の「水色桔梗」は日本では珍しく紋自体に色があり（『明智系図』）、また『絵本太閤記』には山崎合戦での光秀本陣の様子を「水色に桔梗の紋付けたりし九本旗、四手しないの馬印、川風に吹きなびかせ」とある（『武家の家紋と旗印』高橋賢一）。光秀の旗はここからの推定である。馬印は当時としても変わったもので「白紙のしでしない」と呼ばれた。「しで」とは日本古来の神道の「四手」に基づくもので、紙垂とも書き"しだれる"の意。「しない」は撓、靡（なびき）とも書き、旗の一形式。要は風に触れやすくした工夫である。「山崎合戦図屏風」（文献6掲載）大阪城天守閣蔵の右隻四扇には「明智惟任日向守源光秀本陣」の貼札の下に青地に黒の桔梗紋の旗が4本描かれているところから、旗の名称を「本陣旗」とした。この旗の桔梗は家紋の桔梗とは形が少々異なるが、絵師の手書きによる変形かもしれない。またこの旗は袋縫いになっている。

■経歴
美濃土岐の支族。足利義明・信長に仕え、元亀2年（1571）近江滋賀郡坂本城主となり、やがて坂本、亀山と京都の要衝を掌握した。天正十年（1582）本能寺の変で信長を討ったものの秀吉に反撃され、山崎の戦いに敗れ土民に殺された。

家系図

本陣旗
地青に黒の桔梗、
黒の一引
「山崎合戦図屏風」
（文献6掲載）
大阪城天守閣蔵

あさくら　よしかげ

朝倉義景

天文2～天正元年（1533～1573）

「三つ盛木瓜」

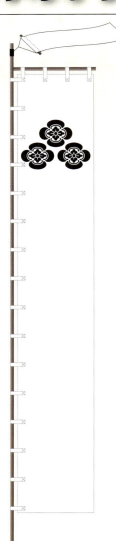

■ 家紋と旗紋
家紋「三つ盛木瓜」は源頼朝時代からの栄誉の紋。義景には「黒の一つ木瓜」、「黒の三つ木瓜」の旗があったといわれるが、その図は残っていない。ここには家紋から推定した「三つ盛木瓜」の旗を載せた。

■ 経歴
朝倉氏五代当主。弘治元年（1555）上杉謙信の川中島出兵に呼応して加賀一向一揆討伐のため出兵、制圧。元亀元年（1570）義景は浅井軍と共に姉川で信長と戦って敗れたが、足利義昭の調停で和解。しかし、天正元年（1573）信長は再び浅井・朝倉を討つために出陣、義景は一乗谷に逃れたが自害した。

家系図

```
貞景─┬─孝景───義景─┬─阿君丸
     └─景高───景健─┴─愛王丸
       （景隆）
```

旗印
白地に黒の三つ盛木瓜に白の招き（推定）

あさくら　かげたけ

朝倉景健

天文5？～天正3年（1536？～1575）

「三つ盛木瓜」

■家紋と旗紋
家紋は朝倉家の「三つ盛木瓜」。「姉川合戦図屏風」（文献14掲載）福井県立歴史博物館蔵、第二扇中央には倒れ掛かった朝倉景健の白地に赤の「三つ盛木瓜」の旗が描かれている。

■経歴
朝倉景高の末子。姉川の戦いで景健は八千余騎を率い、総大将として信長と戦って敗れたが、次いで近江坂本では信長の弟・織田信治、家臣森可成らを討った。義景が自害した後、景健は信長に降伏して所領を安堵されたが、一向一揆に降伏したことを信長は許さず、景健は自害した。

家系図

貞景―┬―孝景――義景―┬―阿君丸
　　　└―景高――景健　└―愛王丸
　　　　（景隆）

旗印
白地に赤の三つ盛木瓜三つ
「姉川合戦図屏風」（文献14掲載）
福井県立歴史博物館蔵

あさの よしなが

浅野幸長

天正4〜慶長18年（1576〜1613）

「芸州鷹の羽」

「浅野扇」

「丸に三つ引」

■家紋と旗紋
浅野家といえば四十七士の仇討で知らぬ者ない家系。しかし、それはのちの庶流浅野内匠守長矩のとき。もとより浅野宗家に伝わる家紋は「丸に違い鷹の羽」、半開き扇に沢瀉をのせた「浅野扇」、「丸に三つ引」。幸長は三つ引、幸長の後を継いだ子の長晟は二つ引を用いた。

■経歴
豊臣家の家臣。江戸初期の大名。長政の長男。小田原の役で初陣。秀吉の下で朝鮮に渡り参戦したが、関ヶ原の戦いでは家康につき、慶長五年紀伊和歌山37万石を受けた。幸長に子がないため弟の長晟が相続。

家系図

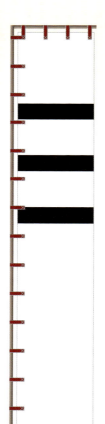

旗印
白地に黒の三引両
「関ヶ原合戦図屏風」津軽屏風
（文献49掲載）大阪・個人蔵

あさの　ながあきら

浅野長晟

天正14〜寛永9年（1586〜1632）

「芸州鷹の羽」

「浅野扇」

「丸に三つ引」

■ **家紋と旗紋**
家紋は浅野幸長と同じ。

■ **経歴**
江戸初期の大名、長政二男。秀吉に仕えた後、慶長18年兄幸長の死により紀伊和歌山37万石を継ぎ、後に福島正則の改易の跡を受けて安芸広島42万石に移封。

家系図

旗印
白地に黒の二引両、黒熊（こくま）の出し
「諸将旌旗図屏風」（文献48掲載）
静岡市芹沢美術館蔵

浅野長重

あさの ながしげ

天正16～寛永9年（1588～1632）

「丸に違い鷹の羽」

「浅野扇」

「丸に三つ引」

旗印
黒地白餅五つ
「諸将旌旗図屏風」
（文献48掲載）
静岡市芹沢美術館蔵

■ **家紋と旗紋**
家紋は浅野幸長と同じ。長重の黒地に白い円は白餅、白地に黒い円は黒餅、両者を石持ちと称し、武家にとってはめでたい紋であった。白は「城持ち」にも通じた（『旗指物』高橋賢一）。

■ **経歴**
長政の二男。秀吉、家康に仕えた江戸前期の大名。忠臣蔵で有名な浅野匠頭の曽祖父。
関ヶ原の戦いで功をあげ下野真岡2万石、後に常陸真壁藩主。大坂夏の陣で活躍し笠間藩主に転じた。

■ **家系図**

長勝—長政—┬—幸長—長晟—光晟
　　　　　├—長晟—————長賢
　　　　　└—長重—長直—┬—長友—┬—長矩（播州赤穂）
　　　　　　　　　　　　└—長恒　└—長広

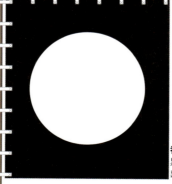

番指物
黒の四半に白餅
出典同左

あしかが　よしあき

足利義昭

天文6〜慶長2年（1537〜1597）

京都将軍家御旗
白地錦御旗（推定）
『応仁武鑑』

京都将軍家御旗
白帛引両御旗（推定）
出典同左

京都将宣家御旗
白帛桐御紋旗（推定）
出典同左

「足利二つ引」

■家紋と旗紋

足利家の家紋は1300年代初期から「二つ引両」。「応仁武鑑」には暦応元年（1338）将軍となった尊氏の「京都将軍家御旗」として「白地錦御旗──日輪朱、神号金」、「白帛引両御旗」、「白帛桐御紋旗」の三つの旗をあげている（『旗指物』高橋賢一）。義昭自身の旗は伝わっていないので、この三旗を継承したものと推定しここに掲載する。『家中竹馬記』には「後醍醐天皇が桐紋を足利氏に賜った」ことを記し、『見聞諸家紋』によれば「依勅命五七桐紋免許、故五七桐二引両云々」（『日本紋章学の引用より』）とあるので、足利家に伝わった紋は「五七桐」であることがわかる。さらに江戸末期に足利氏から五七桐を勅賜されて使用していた大名に上杉、有馬、小笠原、喜連川など多数いる（『日本紋章学』沼田頼輔）ことから足利氏が用いた紋は「五七桐」であることがわかる。ただし、『応仁武鑑』に掲載されている旗の桐紋は「五三桐」となっている（『旗指物』高橋賢一）。また、桐紋は百種類以上あるといわれ、諸資料においても五七、五三が入り混じっている。義昭の時代に使われた桐の形は、より直接的な図柄であり、紋章化されすっきりとした形になるのは江戸初期以降である。ここではより古い形で後の太閤桐に似た五三桐を旗紋に描いた。

■経歴

室町幕府第15代将軍。永禄10年（1567）信長に奉じられて入京、将軍職につき幕府再興を果たした。しかし、信長と対立し、武田信玄、浅井長政、朝倉孝景、本願寺顕如らと信長包囲網を企てたが、敗れて降伏し室町幕府は滅亡した。のち、秀吉政権下に招かれて1万石を与えられ山城槇島に住んだ。

家系図

尊氏──義詮──義満──義晴┬義輝
　　　　　　　　　　　　└義昭

あべ　まさつぐ

永禄12年～天保4年（1569～1647）

阿部正次

旗印
黒白段だら筋の旗
赤の招き
（文献43掲載）

「阿部鷹の羽」

「白餅（石持）」

■ 家紋と旗紋
阿部家には家紋として伝わった「阿部鷹の羽違い」と「白餅」があった。「鷹の羽違い」は羽の重なりに他との違いがあり、羽に斑紋がついて後年「阿部鷹の羽」と呼ばれた。阿部家にはこの他に替紋として石餅（地白に黒の丸）があった。黒丸は石高を増す意につながり、白丸は城持ちになる意として縁起がよい紋とされた。しかし、紋章上の違いは時とともに無くなり、「石持」が双方を意味するようになった。大馬印に「地白に黒の丸を使った。

■ 経歴
江戸時代初期の大名。家康に仕え父の遺跡を継いで武蔵国鳩ヶ谷で5千石、やがて下野国鹿沼に転じた。秀忠に従い大坂の陣に出陣、戦功により元和3年（1616）上総国大多喜城を与えられ、小田原を経て元和9年（1623）大坂城番となり1万6千石を領した。寛永14年島原の乱では、江戸、九州間の調整役となった。

家系図

正勝 ─┬─ 正次 ─┬─ 重次 ─┬─ 定高
　　　└─ 正吉　└─ 盛次　└─ 正春

大馬印
黒字白餅
（文献同左）

有馬豊氏
ありま とようじ
永禄12～寛永19年（1569～1642）

旗印
白地に黒の平釘抜に裾黒の斜め分け
「諸将旌旗図屏風」
（文献48掲載）
静岡市芹沢美術館蔵

「有馬巴」

「竜胆車」

「釘抜」

■家紋と旗紋
摂津有馬荘から起こった有馬氏は、肥前系の有馬直純とは別の家系。家紋は「左三つ巴（のち巴の尾が長い有馬巴）」、「竜胆車」および「釘抜」。釘抜のうち、一辺を地平線に水平に置いたものを平釘抜といい、その一角を立てたものを隅（角）立釘抜という（『日本紋章学』沼田頼輔）。前者は多く後者は少ない。有馬家の家紋は角立釘抜だが豊氏の旗は平釘抜である。

■経歴
筑後国久留米藩祖。秀吉に仕え遠江国横須賀で3万石、その後家康に仕え関ヶ原の戦い、大坂冬・夏の陣で活躍し、筑後久留米城21万石。茶人としても有名で利休七哲の一人。

家系図

重則 ── 則頼 ─┬─ 豊氏 ─┬─ 忠頼
　　　　　　　│　　　　└─ 頼泰
　　　　　　　└─ 豊長 ── 則故

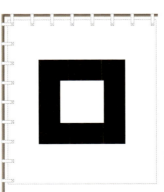

馬印
白地に黒の平釘抜の四半
出典同左

有馬直純

ありま　なおずみ

大正14～寛永18年（1586～1641）

「五葉木瓜」

「有馬唐花」

「丸に六つ唐花」

旗印
紺地に白の二引
「諸将旌旗図屏風」
（文献48掲載）
静岡市芹沢美術館蔵

■ 家紋と旗紋
肥前（佐賀県）の有馬に興った有馬家。摂津系の有馬氏とは別の血筋。家紋は「五葉木瓜」。替紋は紋の真ん中にある唐花を変化させ、剣形にした「有馬唐花」や「丸に六つ唐花」がある。馬印「紺地に金の唐花」は替紋のバリエーションの一つで、キュウリの切り口とそっくりの紋を掲げた。馬印の旗紋は「諸将旌旗図屏風」を参考に描いた。

■ 経歴
日向延岡藩主、切支丹大名晴信の子。関ヶ原の戦いでは家康につき小西行長の水俣城を攻撃。慶長15年（1610）小西行長の姪の正室を離別、家康の養女国姫と結婚した。ついでキリスト教を放棄して家康により所領を認められ、のち大坂の陣、島原の乱に出陣した。

家系図（肥前系）

義直 ── 晴信 ─┬─ 義純
　　　　　　　└─ 直純 ── 康純

馬印
紺地に金の唐花
出典同左

あんこくじ えけい

安国寺恵瓊

? ～ 慶長5年（?～1600）

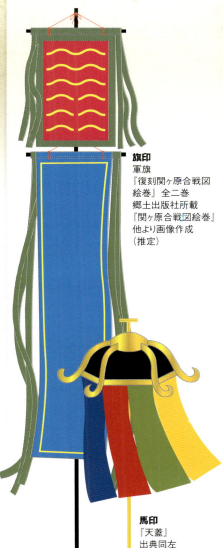

旗印
軍旗
『復刻関ヶ原合戦図絵巻』全二巻
郷土出版社所載
『関ヶ原合戦図絵巻』
他より画像作成
（推定）

馬印
『天蓋』
出典同左

「割り菱」

■ 家紋と旗紋
恵瓊は安芸の生まれ。安芸守護武田信繁の血縁といわれ、その縁で武田家の「割り菱」紋を定紋とした。軍旗は上記出典の他に「関ヶ原合戦図絵巻」岐阜市博物館蔵および「関ヶ原合戦図屏風」（文献19掲載）、福岡市博物館蔵（『大関ヶ原展』東京大江戸博物館図録2015掲載）の屏風絵を参照して作成したものだが、軍旗上部赤色部分、同下部青色部分には何かが描かれているが、小さ過ぎて不明。
天蓋は本来高位の仏僧の頭上に掲げられる荘厳具だが、恵瓊はこれを馬標（印）として使用した。天蓋は普通全体が金色だが、参照した絵巻、屏風に基づき色、図を推定作成した。

■ 経歴
戦国時代から安土桃山時代の臨済禅僧。武田氏滅亡のおり、安国寺に逃れて出家。やがて安国寺の住職を兼ね、天正7年（1579）に東福寺住職。 外交僧として有名で天正10年（1582）備中高松城水攻めのおり、毛利と秀吉の講和を成立させた。文禄慶長の役では、朝鮮に渡り、慶長5年関ヶ原の戦いでは毛利氏と共に石田光成に味方し、敗れて京都六条河原で斬首された。恵瓊は法体だが、僧の身分で合戦に従軍した。

■ 家系図（肥前系）

武田信重？――恵瓊（法名）

あんどう　しげなが

安藤重長

慶長5～明暦3年（1600～1657）

「石持地抜安藤藤」

「食い違い七つ引」

■ **家紋と旗紋**
安藤重信から始まる安藤家はのち陸奥の磐城平で5万石を領したことから磐城平安藤家と呼ばれる。その家紋は「石持地抜安藤藤」、「食い違い七つ引」。
　これらの家紋と番指物の「蛇の目」の関係は不明だが、蛇の目に似た形の旗が安藤対馬守（父・重信あるいは幕末の信正）の名で『大坂両陣関東諸将軍器詳図』にもあり、何らかのいわれがあると思われる。

■ **経歴**
上野高崎藩二代藩主。本多正盛の長男。安藤重信の養子となり、慶長19・元和元年（1614・15）大坂冬・夏の陣に参戦後、父重信の死去により家督を相続した。元和5年（1619）上野高崎城5万6千余石転封。

■ **家系図**

番指物
赤地金の蛇の目の四半（推定）
「諸将旌旗図屏風」（文献48掲載）
静岡市芹沢美術館蔵

旗の分類と名称

[拝領先、使用目的などからの分類]

御旗： 旗に対する敬称。「錦の御旗」が有名。鎌倉時代ころから朝敵征伐の官軍の標章として天皇から官軍の大将に下賜された。「旗・指物の歴史・室町時代」の説明にある光厳天皇、後醍醐天皇が足利尊氏に下賜した御旗がこれである。

本陣旗： 野戦の本営として総大将がいる本陣に掲げた旗をいう。

軍旗： 戦陣に掲げる旗の総称。幟旗だけでなく馬印や大馬印も軍旗と称した。

[旗の形状からの分類]

流れ旗： 細長い旗布の上部に柸を沿え、その一端を紐で旗竿上部に結んだもの。

長旗： 長方形の長い旗をいい、幟旗、流れ旗を指すのが一般的。

幟旗(乳付旗)： 長方形の布製旗に乳をつけて旗竿に通すもの。幟の長さ・幅はいろいろであり、流儀によっても異なる。

縫いくるみ旗： 乳を無くして皮あるいは布で袋状に縫い付けて竿を通すもの。長旗、馬印などに使われた。袋乳とも呼ばれる。

切裂旗： 幟旗の竿の反対側の布縁を何箇所も切り裂き風にヒラヒラさせたもの。

手長旗・小旗： 手長旗はやや小ぶりで人手に持つ流れ旗。小旗は字の如く小さい旗。

四方・四半： 四方は正方形。四半は長方形で四方の縦2分の1（縦横比2:1）あるいは四方の2分の1を縦に足したもの（同3:2）といわれる。縦横の長さはいろいろ。大きなものを大四方、大四半と呼ぶ。

[旗を携行する人や携行目的による分類]

使番（伴）指物・番（伴）指物： 隊ごとの相（合）印として同じ形や旗紋、色に統一し、敵味方を区別したもの。「使番」には伝令に持たせた武田の蜈蚣(百足)や徳川の「五の字」旗が有名である。

馬印・大馬印： 馬印はもともと戦陣で大将の馬前または馬側に立て、その所在を示したもので、馬印持ちに持たせた。武将によって四方あるいは四半を用いた。大きさによって大馬印、小馬印ともいう。

自身指物・足軽（足軽指物）・腰小旗・腰指・背旗： 小型にした乳付旗や四半、四方の旗を体のどの部位につけるかによる名称。背や腰に指して個人を識別するための旗で、上位の侍が指す場合もあるが、通常は低位の足軽などが用いた。

[固有名詞で呼ばれる旗の分類]

武田信玄の「孫子の大旗」、徳川家康の「浄土紋御旗」など、個々の名称がつけられ一般にその名称で呼ばれたもの。

井伊直政

いい なおまさ

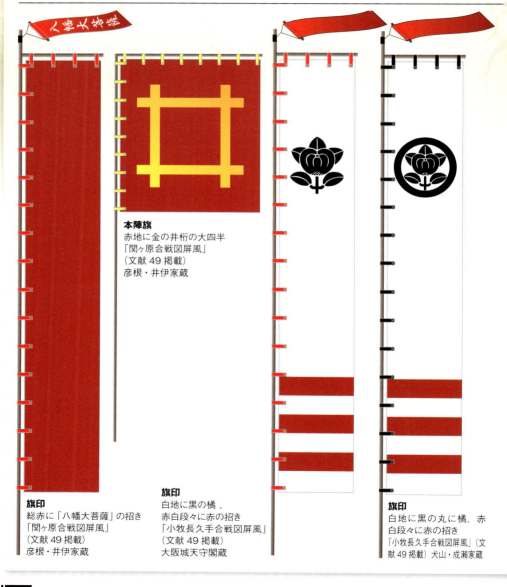

本陣旗
赤地に金の井桁の大四半
「関ヶ原合戦図屏風」
（文献49掲載）
彦根・井伊家蔵

旗印
総赤に「八幡大菩薩」の招き
「関ヶ原合戦図屏風」
（文献49掲載）
彦根・井伊家蔵

旗印
白地に黒の橘、
赤白段々に赤の招き
「小牧長久手合戦図屏風」
（文献49掲載）
大阪城天守閣蔵

旗印
白地に黒の丸に橘、赤白段々に赤の招き
「小牧長久手合戦図屏風」（文献49掲載）犬山・成瀬家蔵

永禄4～慶長7年（1561～1602）

「細平井筒」

「彦根橘」

大馬印
赤地に筆の井の字の
大四半
「小牧長久手合戦図屏風」
（文献49掲載）
大阪城天守閣蔵

旗印
赤地白の丸に橘、白の引両
「関ヶ原合戦図屏風」
（文献19掲載）
岐阜市歴史博物館蔵

■ **家紋と旗紋**
井伊家の家紋は「細平井桁」と「橘」で知られる。紋の形は井戸の木組から転じたといわれ、単に「井桁」、「井筒」あるいは紋章学上「細平井筒」ともいわれる。直孝の旗について書かれた『福富覚書』には、「井桁」の言葉がある（『旗指物』高橋賢一の引用より）。家康の創意により、直政は有名な武田軍団、山形昌景隊の赤備えを引き継ぎ、直孝とともに総赤の旗印や番指物で戦場を埋め尽くした。また、小牧長久手の合戦では白地に黒抜の橘の旗印が翻った。

■ **経歴**
徳川四天王の一人。家康が甲斐進出のおり徳川の使者として後北条氏と交渉。慶長5年（1600）関ヶ原の戦いでは島津豊久を討ち取り、毛利輝元との講和や山之内一豊の土佐入国を支援するなどの功で石田三成の佐和山城18万石を与えられた。

家系図

直盛 ── 直親 ── 直政 ─┬─ 直勝
　　　　　　　　　　　└─ 直孝

いい なおたか

井伊直孝

天正18〜万治2年（1590〜1659）

「細平井筒」

「彦根橘」

■ **家紋と旗紋**
井伊直孝は父、井伊直政と同じ家紋、旗紋を使用。井伊直政（前ページ）参照。

■ **経歴**
近江彦根藩主。慶長19年（1614）直孝は父譲りの赤備えを率いて大坂冬の陣に出陣、功により家康から彦根15万石を与えられた。翌夏の陣では木村重成、長宗我盛親を討ち、大坂城にこもっていた淀殿・豊臣秀頼母子を自害させ、35万石の加増を受けた。

家系図

直盛 ── 直親 ── 直政 ┬ 直勝
　　　　　　　　　　 └ 直孝

旗印
総赤に八幡大菩薩の神号、赤の招き（推定）
『福富覚書』

旗印
総赤に赤の招き
「諸将旌旗図屏風」
（文献48掲載）
静岡市　芹沢美術館蔵

番指物
総赤の四半
出典同左

いけだ　つねおき

池田恒興

天文5〜天正12年（1536〜1584）

「揚羽蝶」

「備前蝶」

「因州守」

■家紋と旗紋
池田一門には男子が多く、大名諸藩に加え多くの旗本家を出した。これらの代表紋が「揚羽蝶」である。「揚羽蝶」にはその形に大きな変化があり、「備前蝶」と呼ばれる紋が用いられた。また、先祖が摂津であり切支丹に関係があったことを思わせる「因州守」と呼ばれる「祇園守」があった。池田の本庶流の多くが旗紋に揚羽蝶を用いた中で、長幸は十字を表す花久留子を掲げた。子孫が繁栄する中でこれらの紋はさらに変化した。

■経歴
安土桃山時代の武将。織田信長と乳兄弟であり、信長の転戦すべてに従軍。天正十年（1582）本能寺の変後秀吉とともに光秀を討ち、秀吉、柴田勝家、丹羽長秀とともに四宿老に列した。天正十二年長久手の戦いで家康と戦い戦死した。

家系図

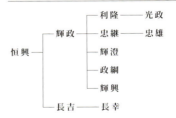

大馬印
紺地に備前蝶の大四半
「山崎合戦図屏風」（文献6掲載）
大阪城天守閣蔵

いけだ としたか

池田利隆

天正12～元和2年（1584～1616）

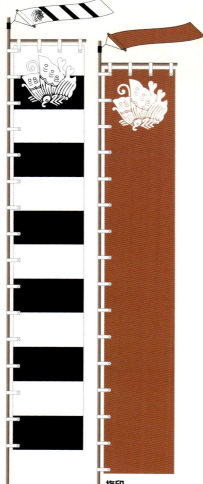

「揚羽蝶」

■ 家紋と旗紋
「大坂夏の陣図屏風」（文献49掲載）大阪城天守閣蔵の左隻第二扇中央には、天満川を渡って逃げようとする豊臣方の敗残兵や民百姓を対岸から迎え撃とうとする茶色地に白抜きの揚羽蝶の旗が描かれている。これは池田利隆隊と推定されるが、旗の「揚羽蝶」は不鮮明で蝶の形が紋とやや異なる。掲載した旗は原画からの推定図である。

■ 経歴
池田輝政長男として美濃国岐阜に生まれた。慶長5年（1600）父とともに関ヶ原の戦いに参戦。徳川秀忠の養女鶴姫（榊原康政の娘）を正室に迎えた。父の死後家督を継ぎ、西播磨三郡を弟・忠継に分与し、姫路藩42万石城主となった。大坂の陣で徳川方につき若くして死に、長男光政が家督を継いだ。

家系図

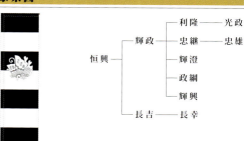

旗印
白黒段々に揚羽蝶、同柄の招き（推定）
『大坂両陣関東諸将軍器詳図』（文献24掲載）

旗印
茶色地に白抜きの揚羽蝶に茶色の招き（推定）
「大坂夏の陣図屏風」（文献49掲載）
大阪城天守閣蔵

番指物
黒白段々に揚羽蝶
『大坂両陣関東諸将軍器詳図』（文献24掲載）

池田光政

いけだ みつまさ

慶長14～天和2年（1609～1682）

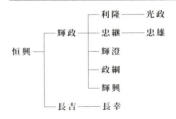

「揚羽蝶」

■家紋と旗紋
光政の家紋は池田一門の代表紋「揚羽蝶」を受け継ぎ、旗紋にもこれを掲げた。

■経歴
江戸初期、備前岡山藩主。池田利隆の子。父利隆早世のため七歳で姫路藩を相続した。寛永9年（1632）備前国32万石に国替して知行。光政は名君の誉れ高く、向学、民生に尽力し、仁政理念を本として質素を旨とする備前風を広めた。

家系図

```
            ┌─利隆──光政
       ┌─輝政─┼─忠継──忠雄
       │    ├─輝澄
恒興─┤    ├─政綱
       │    └─輝興
       └─長吉──長幸
```

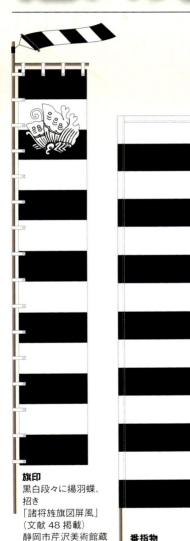

旗印
黒白段々に揚羽蝶、招き
「諸将旌旗図屏風」
（文献48掲載）
静岡市芹沢美術館蔵

番指物
白七段黒六段の旗
出典同左

いけだ ただつぐ

池田忠継

慶長4〜慶長20年（1599〜1615）

「丸に三つ葵」

「六つ葵」

「因州蝶」

■家紋と旗紋
忠継は家康の外孫（母は徳川家康の次女・督姫、良正院）であることから松平姓を名乗り、葵の紋を賜った。このことから家紋は「丸に三つ葵」、「六つ葵」に「因州蝶」。忠継の家系は、忠継とその弟高雄が若死にしてその子光仲が三歳で後を継ぎ、寛永9年（1632）因幡伯耆・鳥取城32万石に移ったことから、因州池田家と呼ばれる。

■経歴
池田輝政二男。家康の外孫。幼くして備前岡山藩28万石藩主となったが、大坂冬の陣で徳川方として参戦し若くして戦死。弟の忠雄が跡を継いだ。

家系図
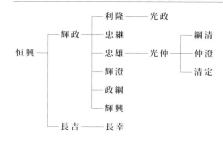

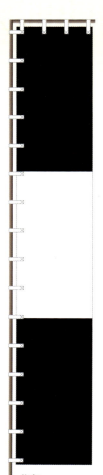

旗印
黒地中白の旗
『大坂両陣関東諸将軍器詳図』（文献24掲載）

いけだ ただかつ

池田忠雄

慶長7〜寛永9年（1602〜1632）

「丸に三つ葵」

「六つ葵」

「因州蝶」

■ 家紋と旗紋
池田忠雄は池田忠継の弟で、徳川家康の外孫であるところから同じ家紋を使用した。池田忠継（前ページ）参照。

■ 経歴
江戸前期の大名。兄忠継と同じく家康の外孫にあたる。慶長15年（1610）9歳で淡路洲本6万石藩主。岡山藩主であった兄・忠継が早世したためその跡を継いだが31歳で死去。

家系図

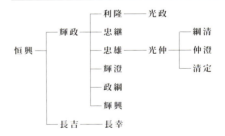

番指物
総黒の旗
「諸将旌旗図屏風」
（文献48掲載）
静岡市芹沢美術館蔵

いけだ てるずみ

池田輝澄

慶長9〜寛文2年（1604〜1662）

「揚羽蝶」

■家紋と旗紋
池田輝澄の家紋は池田一門の繁栄のシンボルである「揚羽蝶」。旗紋は白地胴黒の上部に朱の丸をつけた、珍しいデザインである。

■経歴
江戸前期の大名。播磨姫路藩主池田輝政の四男として姫路城に生まれた。家康の外孫のため松平姓を与えられ播磨山崎で38万石を分与されたが、池田騒動で改易され、鳥取藩内に堪忍分として1万石を与えられた。

家系図

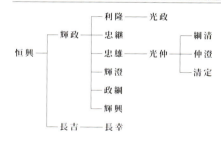

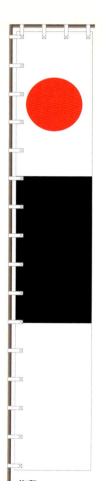

旗印
白地胴黒に朱の丸
「諸将旌旗図屏風」（文献48掲載）
静岡市芹沢美術館蔵

いけだ まさつな

池田政綱

慶長10〜寛永8年（1605〜1631）

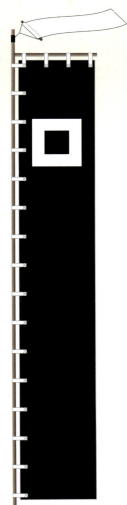

番指物
黒地に平釘抜、白の招き〔推定〕
「諸将旌旗図屏風」（文献48掲載）
静岡市芹沢美術館蔵

「揚羽蝶」

「備前蝶」

「因州守」

■ **家紋と旗紋**
家紋は恒興と同じと思われる。池田家の家紋には旗紋の一つ目結や大平角紋は見当たらず、池田家家紋と政綱が使った旗紋との関係は不明。「諸将旌旗図屏風」（文献48掲載）にある政綱の旗紋は、紋の中の目がやや大きいところから「平釘抜」と推定した。

■ **経歴**
播磨赤穂藩初代藩主。池田輝政の5男。家康の外孫にあたるところから松平姓を名乗った。元和元年（1615）赤穂3万5千石を分与され、赤穂藩主。

■ **家系図**

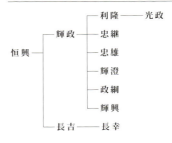

いけだ ながよし

池田長幸

天正15～寛永9年（1587～1632）

「丸に三つ葵」

「六つ葵」

「因州守」

■ 家紋と旗紋
家紋は池田恒興と同じ。長吉・長幸親子は切支丹をあらわす「花久留子（はなくるす）」を旗の紋にした。キリスト教が早くから広まった九州や堺を中心とする諸大名（高山、池田、中川、他）が久留子を用いていたが、「花久留子」はその中の一つである。しかし長幸は「花久留子」を家紋としては用いていない。

■ 経歴
印旛鳥取藩二代藩主。父長吉の死により跡を継ぎ、6万5千石で備中松山に移封。

家系図

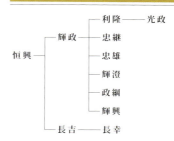

旗印
白地裾黒に花久留子
「諸将旌旗図屏風」（文献48 掲載）
静岡市芹沢美術館蔵

コラム◎三

旗の部位名称と寸法

　幟旗を例にとると、「旗」はそのすそを「旗足」または「旗手」、上部を「旗首」という。横幅を張り広げるため、上部に竿と直角に出た横上に紐をつけて旗竿に結び付けるところ、即ち旗竿の頂点を「蝉口」または「蝉元」という」（『戦国武家事典』稲垣史生）。ただし、合戦図屏風や「諸将旌旗図屏風」静岡市芹沢美術館蔵、「大坂両陣関東諸将軍器詳図」などの旗画像の原典には旗竿と横上を結ぶ紐を描いているものは極めて少なく、旗首部分の描き方もさまざまである。合戦図屏風上に描いた小さな旗に細い紐などを描くのは困難だし、その必要もなかったのだろう。本書の旗印は、原画を尊重し、原画に描かれていない旗竿と横上を結ぶ紐は描いていない。

　旗の寸法について『古事類苑』にいろいろ書いてある。その一例として「武将記」のところには、「長1丈8尺（545.4 cm：1丈＝10尺、1尺＝30.3 cm）、広2尺8寸（84.8 cm）、或いは旗の長1丈2尺（363.6 cm）、若しくは1丈余、広定まらず」とあり、当時から一定でなかったことを示している。旗は時代とともに大型化する傾向にあった。　幟旗の頂点につける「招き小旗」の寸法は同じく『古事類苑』に「一幅にして長3尺計なり」（1幅＝鯨尺1尺＝37.8 cm）とある。

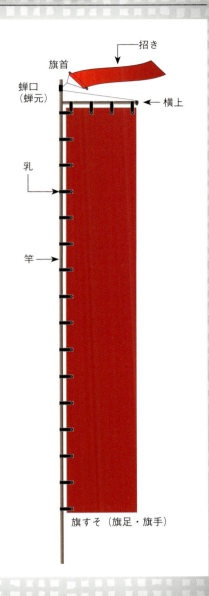

いこま　かずまさ
生駒一正

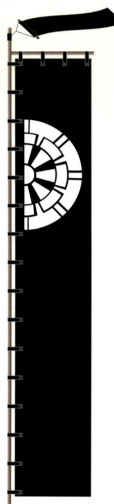

旗印
総黒に波切車、黒の招き
「大坂夏の陣図屏風」（文献49掲載）
大阪城天守閣蔵

旗印
白地に波切車三つ
『大坂両陣関東諸将軍器詳図』
（文献24掲載）

番指物
総黒に波切車
出典同左

弘治元～慶長15年（1555～1610）

「生駒車」

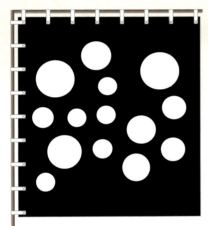

■ **家紋と旗紋**
生駒家の家紋は源氏車の半分の形で「片輪車」と呼ばれたが、縁起がよくないので「波切車」、のち「生駒車」と呼ばれた。「大坂夏の陣図屏風」（文献49掲載）や『大坂両陣関東諸将軍器詳図』に掲載されている旗紋は波切車のバリエーションと思われる。「諸将旌旗図屏風」（文献48掲載）には同じ大小の星の紋をつけた旗が、生駒壱岐守高俊（一正長男）の名で出ている。

■ **経歴**
信長ののち秀吉に仕え朝鮮役に従軍。関ヶ原の戦いでは父・親正と反対に家康につき軍功をあげた。慶長6年丸亀城主17万1千石、同7年父の跡を継ぎ高松城主。

■ **家系図**

親正 ── 一正 ┬ 高俊
　　　　（正俊）└ 俊明

大馬印
黒地に白の大小の星
「関ヶ原合戦図屏風」
（文献49掲載）
彦根・井伊家蔵

いしかわ　かずまさ

石川数正

?〜文禄元年（?〜1592）

「石川竜胆」

「蛇の目」

「石川芦」

■ 家紋と旗紋
石川家の家紋は「石川竜胆」としてよく知られた。この他に「石川葦」があるが、旗によく使われたのは替紋の「蛇の目」である。

■ 経歴
天文18年（1549）松平元康（家康）が駿府今川氏に人質として送られたときに随行。永禄12（1569）年小牧長久手に参戦、翌年突然家康のもとから脱走して秀吉の下に赴いた。数正が秀吉と通じたとの噂のためといわれる。信濃松本藩8万石初代藩主。

■ 家系図

康正 ── 数正 ── 康長

数正は康正の子であり、家康の臣石川家成の甥であることは各種資料に明らかだが、系図としてのつながりははっきりしない。

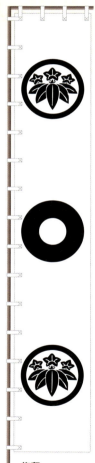

旗印
総白に丸に笹竜胆と蛇の目
「姉川合戦図屏風」（文献14掲載）
福井県立歴史博物館蔵

いしかわ　ただふさ

石川忠総

天正10～慶安3年（1582～1651）

「石川竜胆」

「蛇の目」

「石川芦」

旗印
浅葱地に白抜きの蛇の目
三つに浅葱の招き
「諸将旌旗図屏風」
（文献48掲載）
静岡市
芹沢美術館蔵

■ **家紋と旗紋**
忠総の家紋と旗印は、前掲石川数正が石川家成の甥であった関係で家紋は同様のものを使用していたと思われる。「浅葱地金の蛇の目の四半」の旗は、地色が浅葱と推定されるが、蛇の目の目が黒く、全体のバランスがよくない。地色は浅葱ではないのかもしれない。

■ **経歴**
大久保忠隣の二男、徳川秀忠の臣。石川家成の養子となり、康道の死去により家成の死後家督を継いだ。父・忠隣が大久保長安事件で改易されたことに連座して蟄居したが、のち大坂冬・夏の陣で功を上げ、近江膳所藩に移封。

家系図

```
清兼─┬─忠成
     └─家成──康道──忠総
```

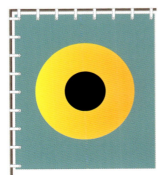

馬印（推定）
浅葱地金の蛇の目の四半
出典同上

いしだ みつなり
石田三成

旗印
総白に大一大万大吉の旗
「関ヶ原合戦図屏風」
（文献49掲載）
彦根・井伊家本、木俣家本

旗印
赤地に下り藤と丸に三ツ星
「関ヶ原合戦図屏風」
出典同左

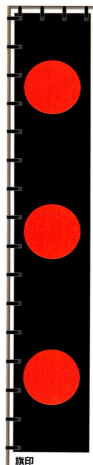

旗印
黒地に朱の丸三つ
「関ヶ原合戦図屏風」
（文献49掲載）
彦根・伊井家、彦根・木俣家蔵

永禄3〜慶長5年（1560〜1600）

「大一大万大吉」

■家紋と旗紋
家紋は「大一大万大吉」。一も万も吉もすべてめでたい字。この紋は『鎌倉武官』に石田為久の紋としてすでに載っており、鎌倉時代に起きた事件に題をとった『曽我物語』（江戸後期出版）の「曽我仇討幕紋陣」にもこの紋が見られる（『日本紋章学』沼田頼輔の引用より）。この紋のほかに沢潟、柏紋があったといわれる。また旗紋に「下り藤」と「丸に三ツ星」、「黒地朱の丸」が使われているが、黒地は「紺」との説もある。大一大万大吉の六文字の組み合わせはいくつかあるが、ここに掲載した同じ「関ヶ原合戦図屏風」（文献49掲載）でも井伊家蔵のものは本陣旗が大一の下に右が大吉、左が大万、同屏風（文献19掲載）岐阜市歴史博物館蔵では右が大万、左が大吉と逆になっている。

■経歴
安土桃山時代の武将。秀吉の下で五奉行の一人となり、経済・財政面、太閤検地などで活躍。文禄4年（1595）近江佐和山城主19万4千石。のち、関ヶ原で家康と戦い、敗れて斬首された。

家系図
清心 ── 正継 ┬ 正澄
　　　　　　└ 三成 ── 重家

旗印
赤地に大一大万大吉、白の山道
「関ヶ原合戦図屏風」（文献19掲載）
岐阜市歴史博物館蔵

いたくら　しげむね

板倉重宗

天正14～明暦2年（1586～1656）

「板倉巴」

「板倉菊」

「板倉唐花」

■ 家紋と旗紋

板倉家の家紋は「九つ巴」。「板倉巴」ともいう。「三つ巴」が三個なので掛けて「二十七巴」とも呼んだ。替紋には「板倉菊」、「板倉唐花（木瓜）」がある。「板倉菊」は「十六菊」と「左三つ巴」を組み合わせたもの。『旗指物』（高橋賢一）には重宗が「右三つ巴紋を旗にもつけた」とある。

巴紋の左右の意味は巴の尾が頭のどちらに出ているか、あるいは巴の渦がどちらを向いているかによる、という二説がある。ここでは旗紋を「板倉巴」や「板倉菊」の向きにあわせて描いた。

■ 経歴

徳川家の家臣。勝重の長男。慶長5年（1600）関ヶ原の戦い、慶長19・20年大坂冬・夏の陣に出陣。親子二代にわたり京都所司代の要職を勤めた。明暦2年（1656）下総国関宿藩に移封。

家系図

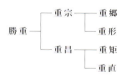

旗印
上赤、下白地に黒の左三つ巴三つ（推定）
『大坂両陣関東諸将軍器詳図』
（文献24掲載）

いとう　すけのり

伊東祐慶

天正17～寛永13年（1589～1636）

旗印
紺地に白抜きの九曜
「諸将旌旗図屏風」
（文献48掲載）
静岡市芹沢美術館蔵

「九曜」

「庵に木瓜」

■ **家紋と旗紋**
伊東家は「九曜」と「庵に木工」を家紋とした。伊東氏には月星・九曜の紋は先祖祐時が頼朝から賜ったという言い伝えがあり（『寛政重修諸家譜』）、「九曜」を本紋に使用し、旗にも掲げた。『大坂両陣関東諸将軍器詳図』など「伊藤」と書く場合もあるが、先祖が伊豆伊東に住み伊東を名乗ったといわれる（『大名家の家紋』高橋賢一）。

■ **経歴**
日向国飫肥藩二代藩主。慶長5年（1600）関ヶ原の戦いで東軍・家康側に応じ、石田側の宮崎城を落とし、島津氏の佐土原城を攻めるなどの功をあげた。父の死後跡目を相続。

家系図

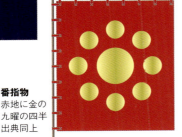

番指物
赤地に金の
九曜の四半
出典同上

番指物
紺地に白抜きの
九曜の四半
『大坂両陣関東
諸将軍器詳図』
（文献24掲載）

いとう　ながざね

伊東長実

永禄3〜寛永6年（1560〜1629）

「庵に木瓜」

「九曜」

「稲妻」

■ 家紋と旗紋
長実は日向飫肥潘の日向伊東氏と先祖は同じのため、備中伊東家と呼ばれた。この縁で家紋は日向伊東氏と同じ「庵に木瓜」を定紋、「九曜」を替紋とし、他に「伊東稲妻」を使用した。旗紋に「九曜」を掲げた。

■ 経歴
伊東長実、のち長次。戦国時代から江戸時代初期の武将。秀吉に仕え、天正4年（1579）馬廻り組頭。小田原北条氏との戦いに出陣し、功により備中川辺に1万3百石。長次（長実）は関ヶ原の戦いが始まる前に石田光成の画策を家康の耳に入れ東軍と通じたが、大坂の陣では西軍に味方した。大坂落城後父長久と長次（長実）が高野山に逃亡したが、家康に赦され、備中岡田に1万石を与えられた。

家系図

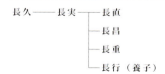

長久────長実────長直
　　　　　　　├─長昌
　　　　　　　├─長重
　　　　　　　└─長行（養子）

旗印
黒地紋白九曜
（文献67掲載）

いながき しげつな

稲垣重綱

天正11～承応3年（1583～1654）

「細輪に稲垣茗荷」

「稲垣茗荷」

「澤瀉」

■ 家紋と旗紋
重綱が家康に仕え大坂の陣出陣のおり三河刈谷城に入ったが、この城は家康の生母お大の生家であり、澤瀉の紋であった関係で稲垣家の紋に澤瀉が替紋として加えられた。茗荷は比叡山延暦寺とその末寺の秘神・摩多羅神のシンボルであったため、茗荷紋は本紋として扱った（文献45掲載）。

■ 経歴
安土桃山時代から江戸時代前期の武将、大名。父、長茂の長男。長茂の代から家康に仕え、関ヶ原の戦い（1600）では秀忠に仕えて西軍真田昌幸の上田城攻めに参戦、慶長19年（1614）には大坂冬・夏の陣で功を挙げ、大坂城代を勤めた。承応3年（1654）72歳で死去。

■ 家系図

旗印
地白に裾赤（推定）
斜め分けに赤の稲垣茗荷紋、
赤の招き（文献43掲載）

大馬印
地白に裾赤（推定）
斜め分けに赤の稲垣茗荷紋
（文献同上）

057

いなば よしみち

稲葉良通

永正 12 〜 天正 16 年（1515 〜 1588）

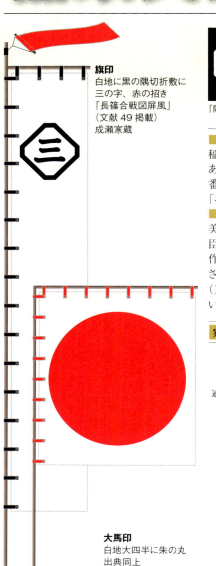

旗印
白地に黒の隅切折敷に
三の字、赤の招き
「長篠合戦図屏風」
（文献 49 掲載）
成瀬家蔵

大馬印
白地大四半に朱の丸
出典同上

「隅切折敷に三の字」

「打ち出の小槌」

■ **家紋と旗紋**
稲葉を名乗る良通の家紋は大三島明神の信仰紋である「隅切折敷に三の字」。この家系は旗印、使番、番指物にこの紋あるいはその変形を使った。替紋には「打ち出の小槌」がある。

■ **経歴**
美濃の人、通朝とも呼ぶ。土岐、斉藤、織田、豊臣に仕えた。信長に通じて斉藤氏滅亡の足がかりを作り、姉川合戦では家康に加勢し浅井長政軍を撃破、さらに石山合戦、長篠合戦で功をあげた。天正 2 年（1574）入道して一鉄を称した。「老いの一徹」という言葉は一鉄から始まったという。

家系図

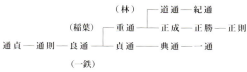

いなば　のりみち

稲葉典通

永禄9〜寛永3年（1566〜1626）

旗印
白地に黒の鷹の羽、赤の招き
『大坂両陣関東諸将軍器詳図』
（文献24掲載）

「隅切折敷に三の字」

■家紋と旗紋
典通の家紋は良通と同じ「隅切折敷に三の字」（稲葉良通参照）。典通はこの紋を使番の旗に掲げ、旗印には黒の鷹の羽を使った。

■経歴
豊後国臼杵藩二代藩主。貞通の長男、母は斉藤道三の娘。本能寺の変後秀吉に仕え九州平定に従軍したが、秀吉の機嫌を損ねて蟄居。のち、関ヶ原に父とともに出兵したが家康に降伏。貞通の移封により臼杵藩に戻り、遺領を継いだ。

家系図

```
                      （林）――道通――紀通
              （稲葉）――重通――正成――正勝――正則
通貞――通則――良通――貞通――典通――一通
       （一鉄）
```

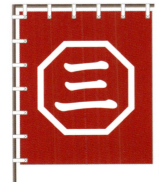

使番指物
赤地に白抜きの隅切折敷に三の字
出典同上

いなば　かずみち

稲葉一通

天正 15 〜寛永 18 年（1587 〜 1641）

旗印
総白に赤の招き
「諸将旌旗図屏風」
（文献 48 掲載）
静岡市芹沢美術館蔵

「隅切折敷に三の字」

■ 家紋と旗紋
稲葉家の家紋は「隅切折敷に三の字」。「諸将旌旗図屏風」（文献 48 掲載）にある一通の番指物の紋は「隅切折敷」の変形と思われる。広辞苑には折敷とは四方に折りまわした縁のあるへぎ（折ぎ）製の角盆または隅切盆とあるが、この旗には「折ぎ（へぎ）」＝縁がない。このため、旗の名前を「隅切角」とした。本来は「隅立角」と呼ぶべきかもしれない。。

■ 経歴
稲葉典通の長男、豊後国臼杵藩三代藩主。寛永 3 年（1626）父死去に伴い遺領を継いで藩主となった。島原の乱後、九州国境警備に努めた。

家系図

```
                          ┌─道通──紀通
                    ┌─重通─┼─正成──正勝──正則
通貞──通則──良通─┤       
                    └─貞通──典通──一通
                   （一鉄）
```

番指物
赤に白抜きの隅切角に三の字
出典同上

稲葉正勝

いなば まさかつ

慶長2～寛永11年（1597～1634）

「隅切折敷に三の字」

「稲葉九枚笹」

旗印
紺地に白餅
「諸将旌旗図屏風」
（文献48掲載）
静岡市芹沢美術館蔵

■ 家紋と旗紋
もと林姓から稲葉を名乗った正勝の家紋は良道と同じ「隅切折敷に三の字」。替紋には「丸に九枚笹」があり、「稲葉九枚笹」と呼ばれた。

■ 経歴
稲葉正成の二男で母は三代将軍家光の乳母春日の局。幼いころから家光に仕えた。小田原城主8万5千石。

家系図

```
                                 ┌ 道通 ─ 紀通
                          ┌ 重通 ┤
通貞 ─ 通則 ─ 良道 ─ 貞通 ┤      └ 正成 ─ 正勝 ─ 正則
            （一鉄）       └ 典通 ─ 一通
```

使番指物
紺地白抜きの隅切折敷に三の字
出典同上

いなば のりみち

稲葉紀通

旗印
紺地に白抜きの三段笠
「諸将旌旗図屏風」
（文献 48 掲載）
静岡市芹沢美術館蔵

「隅切折敷に三の字」　「稲葉九枚笹」

■ 家紋と旗紋
家紋は正勝と同じ「隅切折敷に三の字」。替紋は「稲葉九枚笹」。旗に掲げた笠は、その形から市女笠と思われる。この笠は鎌倉時代の弓術などに使われたもの。紋に使われたのはこの笠が"増大"を意味する瑞祥的な意義を持つためといわれる。

■ 経歴
慶長 12 年（1607）父・道通の死後伊勢田丸藩三代目を継ぎ、のち丹波福知山藩に移封。しかし、福知山で紀通の治世に問題があり幕府から追討を命じられ自殺、改易された。

■ 家系図

番指物
紺地に白抜きの笠の四半
出典同左

いのうえ　まさなり／いのうえ　まさとし

井上正就／正利

天正5〜寛永5年（1577〜1628）
慶長11〜寛文7年（1606〜1667）

「石持に八つ鷹の羽車」　「井桁」

■家紋と旗紋
阿部家の血筋であった正就が井上家を継いだ。井上家の家紋は「石持に八つ鷹の羽車」。阿部家の家紋「鷹の羽」の変形であり「井上鷹の羽」と呼ばれた。替紋に「井桁」があり、旗印に多く使われた。ただし、紋の名前は「平井筒」と呼ばれる場合があるが、ここでは「井桁」と呼ぶことにする（『日本紋章学』沼田頼輔）。旗紋の井桁はやや細い。旗は「諸将旌旗図屏風」（文献48掲載）に井上河内守（正利）の旗とあるが、父正就が大坂冬の陣で活躍した慶長14年（1614）に正利はまだ三歳であるため、むしろこの旗は井上氏の旗、正就の旗と見るのが妥当と思われる。

■経歴
正就は江戸前期の大名。10歳から秀忠に仕え、大坂冬の陣に参戦。元和8年（1622）遠江横須賀藩5万2千5百石に移ったが、目付豊島正次に殺害されたため正利が跡を継いだ。正利はのち常陸笠間に移封。

家系図
清秀―┬正就―┬正利――正任
　　　└正義　└正興

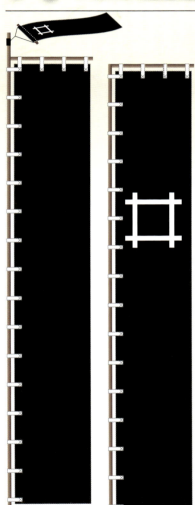

旗印
総黒に黒の招き
「諸将旌旗図屏風」
（文献48掲載）
静岡市芹沢美術館蔵

大馬印
黒地に白抜きの井桁
出典同左

063

いまがわ　よしもと

今川義元

永世16～永禄3年（1519～1560）

旗印
白地に二引両と桐の流れ旗
「今川義元公肖像画」
豊川市　大聖寺蔵
（豊川市桜ヶ丘ミュージアム）

「二つ引両」

「五七の桐」

「今川赤鳥」

■ **家紋と旗紋**
今川家の家紋は「二つ引両」に加えて、南北朝時代から足利尊氏に仕え幾多の功績をあげて使用を許された「五七の桐」（『見聞諸家聞』）がある。しかし、義元の胴塚がある豊川市大聖寺には、今川義元公肖像画が遺されているが、ここに描かれた旗の桐紋は五三桐である。もう一つ「赤鳥」の旗があった。これは「女性の櫛、即ち『垢取り』であり『赤鳥』の字を当てたもの」（『難太平記』）といわれる（『旗指物』高橋賢一の引用より）。これらの紋が旗紋にもなった。

■ **経歴**
駿河・遠江・三河を支配した戦国大名。今川氏親三男、幼いときから出家させられたが、異母兄を倒して家督を継いだ。天文23年（1554）北条・武田・今川の三者同盟を成立させ最盛期を迎えたが、永禄3年（1560）尾張桶狭間で信長の奇襲を受け討死。

家系図

国氏────義忠────氏親┬─氏輝
　　　　　　　　　　　└─義元────氏真

馬印
紺地に金の赤鳥の四半（推定）
『難太平記』

旗の素材と製法

『古事類苑』によれば「(旗の)地は布、絹、綾、練、貫(「武将記」)」とある。布は綿、綾・練は絹であり、貫は毛皮(の靴)をいう。要は綿あるいは絹、綿などの他、麻などが旗地に用いられた。貫は毛皮で作った乳を指すと思われる。ただし、綿が旗の素材として一般に使用されるようになったのは室町時代以降といわれる。旗紋のつけ方は「権現様(家康)の御意には四半のもの折掛に紋をはけるは上の横手の方へ、紋の上りたるが恰好よしと仰せられ候。わが白丸の朱の四半も白丸殊のほか上へ上げて紋を書くべき」(『𦥑指物』高橋賢一)とあり、旗全体の中心より上に旗紋を描くのが常道であった。また旗に書く文字は、『古事類苑』に「軍陣にては敵に右を見するを嫌うにより、此様に字の乳の方へ向(う)様に書(く)事」(「和翰集要」)とあり、自分の持つ旗の進行方向と反対の右方向に向いた字(左字)は「逃げ字」といって嫌われたものと推定される。さらに、「旗に名を書くこと。……文字は竿に向かうようにこれを書く。裏は字の跡をとむるによって、左字なり」(『書礼袖珍宝』)とある。旗作りには縁起の良い日を選び、水で身を清めて製作に当たったといわれる。

乳の数は『軍用記』に「竪は十二なり、十二月又十二支をかたどる也」とあるが、乳の数は一定でなく旗のサイズが大きくなるに従って横は5つ以上、縦は18〜20以上のものも現れ、その数は一定していない。本書は旗の形、大きさにより平均的な乳の数を描いた。

以下は本物の旗の生地の風合いを感じていただくために掲載したもの。いずれも絹で江戸時代になってから製作されたものだが、両方の旗の白地がかなり黄ばみ、日の丸の旗の普段畳んでいる部分の色がはげている。鎌倉から江戸期の刀剣や鎧は数多く残っているが、旗は素材が生地であるだけに現代まで残っているものは非常に少ない。

「懸り乱れ龍の旗」上杉謙信
特別展「戦う上杉氏」米沢市
上杉博物館　2008年3月　掲載

「白地赤日の丸旗」伊達家当主旗
(政宗の父・伊達輝宗制定)
仙台市博物館収蔵資料図録「武器・武具」改訂版
2007年7月　掲載

上杉謙信
<small>うえすぎ けんしん</small>

刀八毘沙門の旗
白地に黒の毘の一字書きの大四半
上杉神社蔵

懸かり乱れ龍の旗
白地に黒の龍一字書きの大四半
上杉神社蔵

享禄3～天正6年（1530～1578）

「上杉笹」

「十六菊」

「五七桐」

■家紋と旗紋
上杉家の家紋は「竹に雀」。「上杉笹」と呼ばれる。ほかに、永禄2年（1559）謙信上洛のおり足利義輝から賜った「十六菊」と「五七の桐」がある。
旗には上杉重代の紺地朱の丸「上杉家天賜の御旗」、白地に毘の一字書き「刀八毘沙門の旗」、龍の一字の「懸り乱れ龍の旗」があった。毘沙門の旗は本拠地春日山城を発信するとき真っ先に掲げる旗であり、龍の一字旗は突撃のときにかかげる旗であった（『会津陣物語』『上杉謙信伝』）という（『旗指物』高橋賢一の引用より）。

■経歴
越後の大名、はじめ景虎、のち輝虎、謙信は法名。北条氏康と争い、数度にわたる武田信玄との川中島の合戦を戦った。天正元年（1573）越中を平定し本願寺と結び信長と対立したが、関東出陣を前に急逝。謙信は和歌をよくし、信仰心の厚い人であったという。

家系図
顕定——憲房——憲政——輝虎（謙信）——景勝

上杉天賜の御旗
紺地朱の丸の御旗（推定）
『会津陣物語』

うえすぎ　かげかつ

上杉景勝

弘治元〜元和9年（1555〜1623）

「上杉笹」

「十六菊」　「五七の桐」

■ **家紋と旗紋**
家紋は代々謙信以来の「上杉笹」、「十六菊」、「五七の桐」を受け継いだ。『常山紀談』には「景勝は、側には紺地日の丸大四半と毘の字の大四半ただ二本……その武者立行儀の正しきこと、なかなか言語道断なり」とある（『旗指物』高橋賢一の引用より）。

■ **経歴**
上杉謙信の養子、長尾政景の子。秀吉に仕えて越後を統一、慶長3年（1598）会津120万石に国替、五大老の一人として活躍した。関ヶ原の戦い後、出羽米沢に減封。

家系図

顕定——憲房——憲政——謙信——景勝

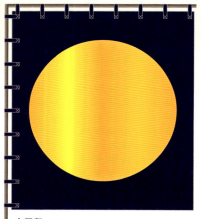

大馬印
紺地金の丸の大四半
「諸将旌旗図屏風」
（文献48掲載）
静岡市芹沢美術館蔵

大馬印
白地に黒の毘の字の大四半
出典同上

うきた ひでいえ
宇喜田秀家

元亀3〜明暦元年（1573-1655）

「兒の字」　　「剣片喰」

■ 家紋と旗紋
秀家の家紋は「兒の字」。兒は児の旧漢字。宇喜田家は備前児島郡の出であることからこの字を使用したといわれる。このほかの紋として「剣片喰」も使ったという。一方、「関ヶ原合戦図屏風」（文献19掲載）岐阜市歴史博物館蔵　には「太鼓（三つ巴紋）」を旗紋にした秀家と福島正則の戦いが繰り広げられている。

■ 経歴
安土桃山時代の武将、大名。秀吉の備中高松城攻め、九州・小田原攻征伐に従軍して大功を立てた。秀吉の下五大老の一人となったが、関ヶ原の戦いで家康に破れ、八丈島に流罪。在島50年の後病死した。

家系図

高秀 ──── 興家 ─┬─ 直家 ─── 秀家 ─── 秀規
　　　　　　　　├─ 春家
　　　　　　　　└─ 忠家

旗印
紺地に白抜きの
「兒」の字
「関ヶ原合戦図屏風」
（文献49掲載）
彦根・井伊家蔵

旗印
黒地に白餅三つ
「関ヶ原合戦図屏風」
（文献49掲載）
津軽屏風・個人蔵

旗印
紺地赤の二引に三つ巴
「関ヶ原合戦図屏風」
（文献19掲載）
岐阜市歴史博物館蔵

えんどう よしたか

遠藤慶隆

天文20～寛永9年（1551～1632）

「亀甲に花角」

「九曜」

■ 家紋と旗紋
遠藤家から盛数が養子に入り、「亀甲に花角」を家紋とした。他に「亀甲」や「九曜」も使用したが、旗紋とのつながりは見当たらない。

■ 経歴
美濃国群上城主、大名。天正12年（1584）小牧の戦いで秀吉から織田信隆に内通したと疑われ、減封となった。関ヶ原の戦いでは徳川方に参戦し、戦後家康から旧領を与えられた。

家系図

（東）　　（遠藤）

常慶———盛数———慶隆———慶利

旗印
白地朱の丸、裾黒斜め分け
「諸将旌旗図屏風」（文献48掲載）
静岡市芹沢美術館蔵

おおうち　よしたか

大内義隆

永世4～天文20年（1507～1551）

「大内菱」

■家紋と旗紋
大内家は義隆の代に滅びたが、菱紋の一種である「大内菱」と呼ばれた美しい紋を残した。『古今要覧稿』には「毛利家蔵、大内氏旗」として大内菱の上に妙見大菩薩・八幡大菩薩などの神号を列記した2流の旗図を載せている（『旗指物』高橋賢一）。

■経歴
周防・長門・豊前・筑前・石見・安芸の守護。安芸を領国としたが、陶隆房らの軍勢に追われ自害した。義隆は学問、芸能に秀で、またキリスト教布教を許可し、明・朝鮮との貿易を広めた。

家系図
政弘━━┳━義興━━━義隆━━━義長
　　　 ┗━隆弘━━━輝広

毛利家蔵大内氏旗
大内菱の上に神号
『古今要覧稿』

妙見大菩薩
八幡大菩薩
天満大自在天神

妙見大菩薩
八幡大菩薩
天照皇太神宮
住吉大明神
志賀大明神

毛利家蔵大内氏旗
出典同上

おおくぼ　ただよ・ただすけ

天文元〜文禄三年（1532〜1594）

大久保忠世（兄）・忠佐（弟）

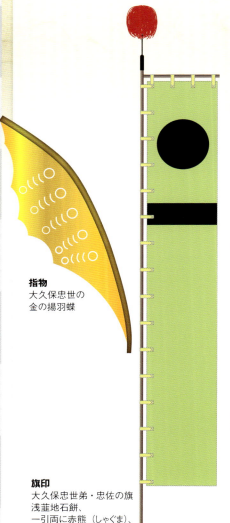

指物
大久保忠世の
金の揚羽蝶

旗印
大久保忠世弟・忠佐の旗
浅葱地石餅、
一引両に赤熊（しゃぐま）、
浅葱の地色は推定。

「大久保藤」

「大久保藤」

「九曜櫻」

■ 家紋と旗紋
大久保家の家紋は藤原氏にちなむ「上り藤」と「大」を一つにした「大久保藤」であった。「大」の書体も時代とともに変化し、それによって宗支を分かつことも増えていった。一方、「九曜」またはその変形である「九曜櫻」が副紋となった。弟・忠佐の紋も同じ。信長は長篠の役で奮戦している二人に目をとめ、家康に誰かと尋ねると、家康は大久保兄弟と答えたという。（『東遷基業』より）

■ 経歴
大久保忠世：戦国時代から安土桃山時代の武将、大名。別名　新十郎、七郎右衛門。家康の臣、忠員の子。天文15年（1546）の初陣以来、三方が原の戦い、長篠の戦いなどに参陣、多くの戦功を挙げた。天正3年（1575）遠江二俣城主、同18年小田原城で45千石。文禄3年（1594）63歳で死去。
大久保忠助：別名弥八郎、治右衛門。長篠の戦いや長久手合戦に戦功を立て、天正18年（1590）上総茂原5千石。関ヶ原合戦では秀忠に従い翌年駿河沼津城二万石。享年77歳。

■ 家系図

おおたに　よしつぐ
大谷吉継

永禄2～慶長5年（1559～1600）

「対い蝶」

■ 家紋と旗紋
家紋は「対い蝶」。井伊家蔵の「関ヶ原合戦図屏風」（文献49掲載）左上部に白に大きな青い丸が描かれた陣幕に囲まれた大谷吉継の本陣があり、その中に黒餅、白持の旗が7本見える。しかし、討死を覚悟した盲目の吉継の表情に覇気はなく、旗さえも意気消沈しているように見える。

■ 経歴
安土桃山時代の武将。秀吉に仕え、賤ヶ岳の戦いで七本槍に次ぐ戦功をあげた。のち、三成の家康討伐計画に同一行動をとったが、関ヶ原で家康に内応した小早川秀秋に襲われ自刃した。ハンセン病で目が見えず、駕籠に乗って戦闘を指揮したと伝えられる。

家系図
盛治？ ── 吉継（吉隆） ┬ 吉治
　　　　　　　　　　　 └ 泰重 ── 重政

本陣旗
紺地白餅三つ
「関ヶ原合戦図屏風」
（文献49掲載）
彦根・井伊家／木俣家蔵

本陣旗
白地紺の丸三つ
出典同左

おおたわら　はるきよ
大田原晴清

大馬印
紺地に金の釘抜の大四半
「諸将旌旗図屏風」
（文献48掲載）
静岡市芹沢美術館蔵

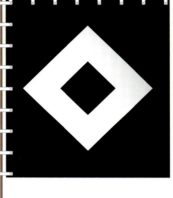

大馬印
黒地に白の釘抜の大四半
出典同左

番指物
総赤の四半
出典同左

足軽
黒地金の丸
「諸将旌旗図屏風」
（文献48掲載）
静岡市芹沢美術館蔵

永禄10〜寛永8年（1567〜1631）

「丸に釘抜」

「朧月」

■家紋と旗紋
家紋は「丸に釘抜」、「朧月」を使った。釘抜は釘の頭を引っ掛けてテコの原理で強引に釘を抜き取る。これが「九城抜」に通じる縁起の良い印とされ、武家根性にマッチして旗紋となった。

■経歴
下野大田原城主。家康の会津・上杉景勝攻めに協力した。のち、那須氏の旧領も含めて1万2千石。関ヶ原の戦いでは家康に従って参戦し、所領を安堵された。

家系図

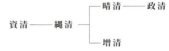

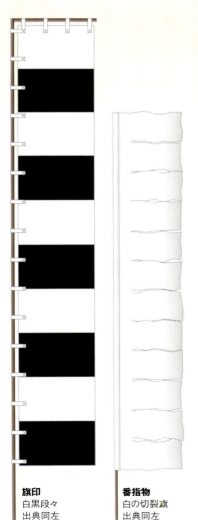

旗印
白黒段々
出典同左

番指物
白の切裂旗
出典同左

享禄3～天正15年（1530～1587）

大友宗麟
おおとも　そうりん

「五七の桐」

「杏葉」

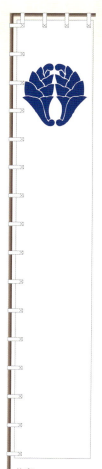

■ **家紋と旗紋**

大友家の家紋は足利将軍義晴から賜ったという「五七の桐」。旗の紋に使ったのは、先祖伝来の格式高い「杏葉（ぎょうよう）」である。切支丹であった宗麟は真紅の十字架旗を使用していたといわれている。

■ **経歴**

戦国時代の武将。義鎮は、毛利氏との抗争に勝って九州北半の六国を支配し、入道して宗麟と号した。臼杵丹生島城主。のち切支丹となりローマ教皇に少年使節団を派遣。天正6年（1578）戦のない政治を求めて聖戦を目論み島津氏と戦ったが大敗、衰退した。

家系図

能直……義長─┬─義鑑─┬─義鎮（宗麟）───義統
　　　　　　└─重治　├─義長
　　　　　　　　　　└─塩市丸

旗印
白地に青の杏葉
「耳川合戦図屏風」（文献14掲載）
京都　相国寺蔵

大野治長
おおの はるなが

永禄12〜元和元20年（1569〜1615）

「丸に大の字」

「五本骨扇」

■家紋と旗紋
大野家の家紋は「丸に大の字」に「五本骨扇」。しかしこれらの紋は旗の紋に採用されていない。「関ヶ原合戦図屏風」（文献49掲載）彦根・井伊家蔵の中央部分には、治長の貼り札（画像に描かれた人物の名前を書いてあるもの）のそばに、どう見ても鮑と思われるものが三個描かれた旗がある。この鮑の由来について調べたが、明確な答えはまだ見つかっていない。ところが戦国武士が出陣する際、打ち鮑、勝ち栗、昆布を肴に酒をそれぞれ3度ずつ飲み干すという大事な儀式「三献の儀」があった。打ち鮑とはその身を薄く細く切って打ち伸ばして乾燥したもの。つまり、討って、勝って、喜ぶことを祈願したものである。これが鮑の旗のいわれになっているのかもしれない。

■経歴
戦国・江戸初期の武将。豊臣秀頼に仕えたが、関ヶ原の戦いでは東軍に参戦。戦後、家康の使者として豊臣家に赴いたまま再び秀頼に仕え、大坂冬・夏の陣で家康に対抗した。しかし、敗れて秀頼と共に自害した。

家系図
```
定長──治長──治徳
    ├─治房
    ├─治胤
    └─治純
```

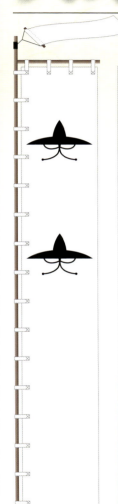

旗印
白地に宇都宮笠二段
「大坂夏の陣図屏風」
黒田屏風（文献49掲載）
大阪城天守閣蔵

番指物
白地に鮑三つ（推定）
「関ヶ原合戦図屏風」
（文献49掲載）
彦根・井伊家蔵

おおの　はるふさ

大野治房

?～元和元年（?～1615）

「丸に大の字」

「五本骨扇」

■家紋と旗紋
大野家の家紋は治長と同じ「丸に大の字」に「五本骨扇」。治房の旗紋は珍しい「鉈」紋である。

■経歴
江戸前期の武将、豊臣秀頼の家臣、治長の弟。大坂冬の陣で豊臣方総指揮者の一人。夏の陣では浅野長晟と戦って敗れ、京都で斬首された。

家系図

```
定長──治長──治徳
    ├治房
    ├治胤
    └治純
```

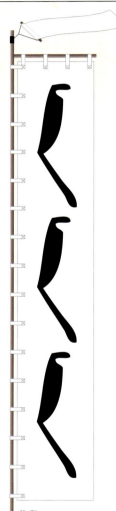

旗印
白地に黒の鉈三段
「大坂夏の陣図屏風」黒田屏風（文献 49 掲載）大阪城天守閣蔵

大村純信

おおむら　すみのぶ

元和4～慶安3年（1618～1650）

「五葉木瓜」

「大村木瓜」

■ 家紋と旗紋
家紋は「五葉木瓜」。「諸将旌旗図屏風」（文献48掲載）に純信の旗指物が掲載されているが、この旗紋は「五葉木瓜」と違ってきゅうりの切り口に似ており「大村木瓜」と呼ばれた。一方で、「五葉木瓜」もしばしば「大村木瓜」と呼ばれた。替紋には「梶の葉」、「日足」があった。

■ 経歴
江戸初期の大名、父純頼の死により3歳で肥前国大村藩三代藩主。寛永14年（1637）島原の乱で長崎港の固めを務め活躍したが、子のないまま33歳で死亡した。

家系図

純忠――嘉前――純頼――純信

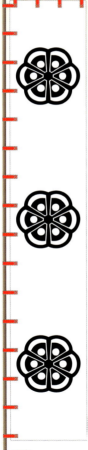

旗印
白地に大村木瓜
「諸将旌旗図屏風」（文献48掲載）
静岡市芹沢美術館蔵

おがさわら　ひでまさ

小笠原秀政

旗印
紺地に白抜きの三階菱
「諸将旗図屏風」（文献48掲載）
静岡市芹沢美術館蔵

番指物
白黒段々の四半
出典同左

旗印
黒地に白抜きの三階菱
「大坂夏の陣図屏風」
黒田屏風（文献49掲載）
大阪城天守閣蔵

永禄 12 ～元和元年 (1569 ～ 1615)

「三階菱」

「五七桐」

■家紋と旗紋
小笠原の家紋「三階菱」は後醍醐天皇から、桐紋は秀政の代に豊臣家から与えられたものといわれる(『寛政重修諸家譜』)。秀正の旗には三階菱を掲げているものが多い。

■経歴
安土桃山時代から江戸前期の武将、大名。信濃松本藩初代藩主。秀吉に仕え、のち家康の臣となった。慶長 5 年 (1600) の関ヶ原の戦いの功により、その翌 6 年信濃飯田 5 万石、同 18 年松本 8 万石に加増、移封された。慶長 20 年大坂夏の陣で戦死。

家系図

大馬印
紺地白抜きの三階菱
「諸将旌旗図屏風」(文献 48 掲載)
静岡市芹沢美術館蔵

おがさわら　まさのぶ

小笠原政信

慶長12～寛永17年（1607～1640）

「三階菱」　　「五七桐」

■家紋と旗紋
小笠原政信の家紋は、小笠原家共通の「三階菱」。（前ページ小笠原秀正参照）。

■経歴
江戸時代前期の大名。信之の長男。慶長19年（1614）父の死により家督を継ぎ、同年大坂冬の陣に徳川方として出陣した。

家系図

旗印
白地に黒の三階菱
「諸将旌旗図屏風」（文献48掲載）
静岡市芹沢美術館蔵

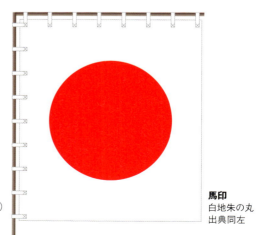

馬印
白地朱の丸
出典同左

小笠原忠真（忠政）

おがさわら ただざね

慶長元～寛文7年（1596～1667）

「三階菱」　「五七桐」

■家紋と旗紋
「三階菱」は小笠原家共通の紋。小笠原家は代が代わるに連れ五七、五三両方の桐紋を使用（『日本紋章学』沼田頼輔）しているが、忠真の桐紋は「五七の桐」と思われる。

■経歴
小笠原秀政の二男。信濃松本藩二代藩主。慶長20年大坂夏の陣（1615）で父と兄が戦死したため、松本8万石を継ぎ、明石10万石を経て豊前小倉藩15万石に移封された。

家系図

```
長基┬長時──貞慶──秀政(貞政)┬忠脩
    │                        ├忠真(忠政)
    └信之──政信              ├忠知
                              └重直
```

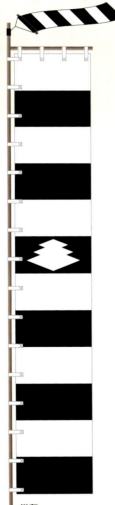

指印
白黒段々に三階菱に招き
「諸将旌旗図屏風」（文献48 掲載）
静岡市芹沢美術館蔵

大馬印
紺地白抜きの三階菱の大四半
出典同左

おくだいら　いえまさ

奥平家昌

天正5～慶長19年（1577～1614）

旗印
白地胴赤の旗
「諸将旌旗図屏風」
（文献48掲載）
静岡市芹沢美術館蔵

「団扇の内松竹」

■ **家紋と旗紋**
奥平家（中津藩主）の家紋は「団扇の内松竹」。この紋は細かくて遠目に判別しがたいせいか、旗紋としての奥平軍配団扇は松竹模様のない赤い団扇となった。これをさらにデフォルメして白・赤・白（胴赤）の旗が生まれたと思われる。紋としてはこのほかに、後年松の大木の紋に変化した、奥平（唐）団扇と呼ばれたものがある。

■ **経歴**
家康の臣。信昌の長男。慶長5年（1600）秀忠に従って関ヶ原の戦いに参戦、翌年下野宇都宮10万石藩主。慶長14年（1614）大坂冬の陣には病気で出陣できず、死亡。

大馬印
白地に赤の軍配団扇の大四半
出典同左

家系図

貞能 ── 信昌 ┬─ 家昌 ── 忠昌
　　　　　　├─ 家治（松平）
　　　　　　├─ 忠政
　　　　　　└─ 忠明（松平）

番指物
白地胴赤の四半
出典同左

おだ のぶなが

織田信長

天文3〜天正10年（1534〜1582）

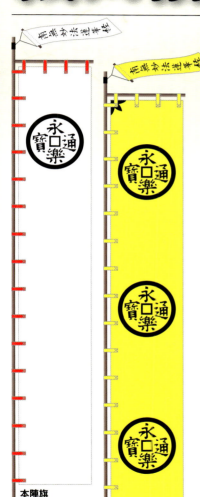

本陣旗
白地に黒の永楽銭、
招きに南無妙法
蓮華経のはね題目
「長篠合戦図屏風」
（文献49掲載）
大阪城天守閣蔵

本陣旗
黄絹に永楽銭、
招きに南無妙法蓮華経のはね題目（推定）
『信長記』

「織田木瓜」

「織田蝶」

■ 家紋と旗紋
信長が天下を意識しはじめた当初、旗紋に「織田木瓜（織田瓜）」を掲げ、のち「永楽銭」に変わったという。『信長記』には信長が旗紋に永楽銭を使った記録があり、『寛政重脩諸家譜』には信長が諸将にこの永楽銭を授けたとの記録があるが、信長自身がこれを家紋に使ったという記録は見当たらない（『大名家の家紋』高橋賢一）。信長は天下統一を意識しはじめたころから平氏の代表家紋「織田蝶」を織田家の紋とした（『日本紋章学』沼田頼輔）。

■ 経歴
斉藤道三の娘濃姫と結婚、うつけ者といわれたが、織田一族と尾張一国をほぼ統一。永禄3年（1560）桶狭間の戦いで今川義元を破り、元亀2年（1571）延暦寺を焼き討ち、足利義昭を追放、天正3年長篠の戦いで武田勝頼を破った。天正10年京都本能寺で明智光秀の急襲を受け自刃した。

家系図

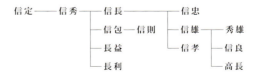

織田長益
おだ ながます

天文16～元和7年（1547～1621）

「織田木瓜」　　「織田蝶」

■ 家紋と旗紋
家紋は信長と同じ「織田木瓜」に「織田蝶」。長益は旗紋に「三つ巴」を使った。「関ヶ原合戦図屏風」津軽屏風（文献49掲載）の絵図だけから判断すると、この紋は「離れ三つ巴」のように見える。

■ 経歴
武将、茶人、信長弟。信長の臣だったが、本能寺の変後秀吉に仕えた。利休なき後、秀吉の茶の湯をつかさどった。関ヶ原の戦いでは家康に仕え3万石の大名。晩年は京都で茶事に余生を過ごした。

家系図

旗印
赤地に白の三つ巴二つ
「関ヶ原合戦図屏風」津軽屏風
（文献49掲載）　個人蔵

おだ のぶかつ

織田信雄

永禄元〜寛永7年（1558〜1630）

「織田木瓜」

■家紋と旗紋
信雄の家紋は「織田木瓜」。「小牧長久手合戦図屏風」（文献49掲載）犬山・成瀬家蔵には「信雄卿」の貼り札の下に家紋「織田木瓜」を描いた旗が高々と掲げられているが、この紋の中心の「唐花」部分が金色で描かれている。

■経歴
信長の二男。天正12年（1607）家康と連合して秀吉と戦ったが、和睦。大坂冬の陣では豊臣秀頼の招きを断って家康に味方し、のち大和・上野で5万石を与えられた。

家系図

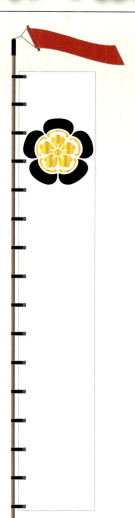

旗印
白地に織田木瓜、赤の招き
「小牧長久手合戦図屏風」（文献49掲載）
成瀬家蔵

087

おだ　のぶたか

織田信孝

永禄元～天正 11 年（1558 ～ 1583）

「織田木瓜」

■ **家紋と旗紋**
信長三男として信忠、信雄と同じく、信長の家紋「織田木瓜」を引き継いだと思われる。

■ **経歴**
信長三男。本能寺の変後、秀吉と共に明智光秀を討った。その後、秀吉と対立する柴田勝家と組み、秀吉・異母兄信雄と対戦したが、敗れて自刃。26 歳であった。

家系図

旗印
永楽銭の赤旗、妙法のはね題目の招き（推定）
『籾井日記』

織田信則
おだ のぶのり

慶長4～寛永7年（1599～1630）

「織田木瓜」

■家紋と旗紋
信則は織田家の家紋「織田木瓜」を引き継いだと思われるが、この紋とはまったく異なる軍配団扇を旗紋に掲げている。

■経歴
江戸初期の大名、丹羽柏原藩二代藩主。織田信包三男。慶長19年父の死により家督を相続。32歳で死去。

家系図

旗印
総赤に軍配団扇
「諸将旌旗図屏風」（文献48掲載）
静岡市芹沢美術館蔵

おだ　たかなが

天正18～延宝2年（1590～1674）

織田高長

旗印
白黒段々に金の九曜、白の招き
「諸将旌旗図屏風」
（文献48 掲載）
静岡市芹沢美術館蔵

「織田木瓜」

■ 家紋と旗紋
家紋は「織田木瓜」。旗紋に九曜を使った理由は不明。高長の旗のように白黒段々の一番下に紋を描くのは珍しい。

■ 経歴
織田信雄五男。寛永7年（1630）、父信雄の死により大和宇陀松山3万2千石を相続し二代目藩主。万治2年（1659）に隠居し、二男長頼に家督を譲った。

家系図

```
信定───信秀───┬─信長───┬─信忠
              ├─信包─信則  ├─信雄───┬─秀雄
              ├─長益       └─信孝    ├─信良
              └─長利                  └─高長
```

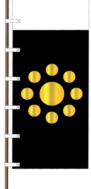

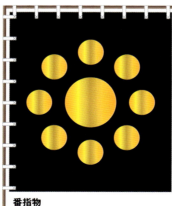

番指物
黒地に金の九曜の四半
出典同左

落合道久（左平次）

おちあい　みちひさ

?〜　寛永7年（?〜1630）

「九曜」

「丸に一の字」

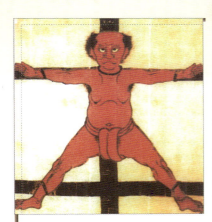

■家紋と旗紋
家紋は「九曜」に「丸に一の字」。長篠の戦いで鳥居強右衛門が武田軍の重囲をくぐって家康に援軍の要請を伝えたが、帰りに捕らわれた。武田軍は強右衛門を磔にし援軍は来ないと言わせようとしたが、"いましばらくの辛抱"と伝えたために殺された。この旗は頭を下にした「逆さ磔」（さかさばりつけ）の旗という説もある。磔刑を仕切った道久はかえって強右衛門の忠誠心に打たれ、のちにその最後を写し取って自ら磔の指物を使うようになったといわれ、久能山東照宮にその写しが伝えられている（『日本の家紋』荻野三七彦　文献8）。

■経歴
武田勝頼に仕えた。磔の指物で知られる。大坂の陣のとき、紀伊家旗奉行となった。

家系図
?┈┈┈道久──道次

指物
鳥居強右衛門磔姿の四半
東京大学史料編纂所蔵
（文献61掲載）

かたぎり　かつもと

片桐且元

弘治2～元和元年（1556～1615）

「割り違い鷹の羽」

「一重亀甲の内 花角」

■家紋と旗紋
家紋は羽の半分を交差した「割り違い鷹の羽」。替紋に「一重亀甲の内 花角」がある。且元の裾黒の旗は『大坂両陣関東諸将軍器詳図』に掲載されているものだが、「諸将旌旗図屏風」（文献48掲載）静岡市芹沢美術館蔵には同じ意匠の旗がその子孝利の名で描かれている。

■経歴
浅井長政の家臣。はじめ秀吉に仕え、天正11年（1583）賤ヶ岳七本槍の一人として活躍。関ヶ原の戦い後、五大老筆頭の家康から大和竜田に2万8千石を与えられ、豊臣氏と徳川氏が対立しないよう尽力。大坂夏の陣で家康に見方し、戦死。

家系図

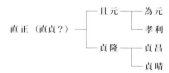

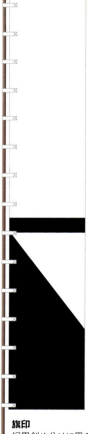

旗印
裾黒斜め分けに黒の一引両
『大坂両陣関東諸将軍器詳図』
（文献24掲載）

加藤清正

かとう きよまさ

元禄5〜慶長16年（1562〜1611）

「蛇の目」

「下り藤」

■家紋と旗紋
加藤家の家紋は「蛇の目」に「下り藤」。佐藤、安藤など藤のつく家系では下り藤を紋とするところが多く見られた。のち秀吉の配慮により「桔梗」も家紋に加えた。一方、清正の旗に家紋はなく、「はね題目」の神号があった。これは筆勢を強く書いたヒゲ文字とも言われる。清正にははね題目の形の違う旗がいくつかあった。

■経歴
土豪清忠の子、秀吉の子飼いの武将。賤ヶ岳の合戦で戦功をあげ七本槍の一人に。秀吉の九州征伐に従い肥後25万石、熊本城主。関ヶ原の戦いでは家康につき、肥後全州52万石。築城、治水、干拓の名手。しかし、清正の家系は寛永9年（1632）改易となった。

家系図

清忠──清正──┬─？
　　　　　　├─忠正
　　　　　　└─忠広

旗印
白地裾黒の斜め分けにはね題目、白の招き
『大坂両陣関東註将軍器詳図』（文献24掲載）

かとう ただひろ

加藤忠広

慶長6～承応2年（1601～1653）

「蛇の目」

■家紋と旗紋
家紋は「蛇の目」。忠弘の旗印は父清正の旗と比べると、南無妙法蓮華経の神号がない。

■経歴
清正三男。慶長16年（1611）清正が死去し兄は幼くして死去したため、熊本藩主を継いだ。しかし、家臣の掌握に失敗し改易された。改易の理由はいろいろいわれているが、豊臣色の払拭にあったとされる。

家系図
清忠──清正─┬─？
　　　　　　├─忠正
　　　　　　└─忠広

旗印
白地裾黒の斜め分けに白の招き
「諸将旗図屏風」（文献48掲載）
静岡市芹沢美術館蔵

番指物
白の切裂旗
出典同左

かとう やすおき

加藤泰興

慶長16〜延宝5年（1611〜1678）

「蛇の目」　「加藤藤」

■家紋と旗紋
秀吉の命で朝鮮に出兵した光泰の名により「嘉明系加藤家」と区別して「光泰系加藤家」と呼ばれる。泰興はこの光泰の孫。家系上、景廉のときひとつになるため、両家ともに家紋は「蛇の目」と藤であったが、識別のため「加」の字を入れて「加藤藤」と呼ばれた。

■経歴
鎌倉時代からの名族で、「光泰系」加藤家の子孫。江戸初期の大名。父貞泰の死去により伊予国大洲藩二代藩主。大坂城、江戸城の改修に尽力した。

家系図

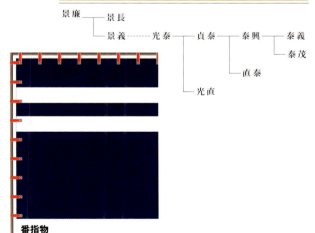

旗印
紺地に白の二引両
「諸将旌旗図屏風」（文献48掲載）
静岡市芹沢美術館蔵

番指物
紺地に白の二引両の四半
出典同左

加藤嘉明
かとう よしあき

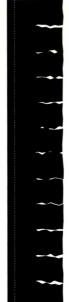

旗印
白地に筆十字
「諸将旌旗図屏風」(文献48掲載)
静岡市芹沢美術館蔵

番指物
総黒の切裂旗
出典同左

使番
総白の切裂旗
出典同左

永禄6〜寛永8年（1563〜1631）

「蛇の目」

「下り藤」

■家紋と旗紋
嘉明の家紋は「蛇の目紋」と「藤紋」。ただし「下り藤」である。「関ヶ原合戦図屏風」（文献No.19）岐阜市歴史博物館蔵には黒地に下り藤、白の引両の旗があり、貼札から見て加藤嘉明の旗と推定される。ただし、紋の最上部にある藤の葉は、原画に基づいて下向きにした。また、嘉明は白地に墨で「十」の一字を書いた旗印を掲げて朝鮮の役に出陣したが、切支丹であったという記録はない。

■経歴
秀吉の臣。賤ヶ岳合戦の七本槍の一人。水軍を指揮して四国・九州・小田原の役に参戦。伊予松山城6万石。関ヶ原の戦いでは家康につき、大坂夏の陣参戦後、会津若松に40万石を領した。

家系図
景簾——景長········嘉明——┬—明成
　　　　　　　　　　　　　└—明利

番指物
黒地に下り藤、白の引両（推定）
「関ヶ原合戦図屏風」（文献48掲載）岐阜市歴史博物館蔵

亀井茲政
かめい これまさ

元和3年～延宝8年（1617～1681）

「四つ目結」

■ **家紋と旗紋**
家紋は「四つ目結」、「隅立四つ目」とも呼ぶ。旗紋は「白餅九つ」。これは九曜（九つの星）を長く縦にのばした意味で「長九曜」と呼ばれ、「九曜」紋の一つに数えられる。

■ **経歴**
石見（島根県）津和野藩4万3千石二代目藩主。幼くして家督を相続、検地を行うなど藩政に尽力した。

家系図

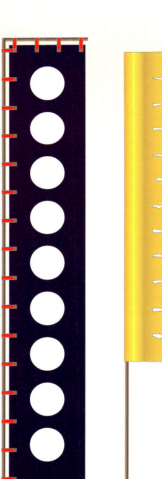

旗印
紺地に白餅九つ
「諸将旌旗図屏風」
（文献48掲載）
静岡市芹沢美術館蔵

番指物
金の切裂旗
出典同左

蒲生氏郷

がもう　うじさと

弘治2〜文禄4年（1556〜1595）

「対い鶴」

「左三つ巴」

■家紋と旗紋
「舞鶴の左の足を下げたるを紋とす」という吉例の言い伝え（『半日閑話』）から、「対い鶴」が家紋となったというこの紋を掲げた旗印を推定画像として掲載した。のち「左三つ巴」紋を用いた（『関八州古戦録』）。

■経歴
安土桃山時代、近江国日野城主賢秀の長男、切支丹大名。永禄11年（1568）人質として信長の下に行き、信長に気に入られて信長の娘冬姫と結婚。以後朝倉攻め、長篠合戦などで活躍。のち秀吉に従って小牧長久手の戦い、九州・小田原征伐を経て奥州黒川城92万石。

家系図
定秀────賢秀────氏郷────秀行────忠郷

旗印
総白に対い鶴
『半日閑話』、『見聞諸家紋』

吉川広家

きっかわ　ひろいえ

永禄4～寛永2年（1561～1625）

「丸に三つ引」

■ 家紋と旗紋
吉川家の家紋は「三引両」。この紋は吉川家伝来のもので、応仁の乱当時、先祖の働きが賞されて三引両を賜ったという（『陰徳太平記』）。旗印は「白黒段々旗」といわれたが、吉川家にとっては白地に黒三筋の「三引両」そのものであった（『武家の家紋と旗印』高橋賢一）。

■ 経歴
吉川元春三男。天正14年（1586）父、兄元長の死により吉川家を相続し、安芸日野山城主。秀吉に仕え、朝鮮との慶長の役で活躍し、関ヶ原の戦いでは豊臣方に参戦したが家康に内通。戦後、周防岩国藩初代藩主。

家系図

旗印
白黒段々三引両の旗（推定）
『陰徳太平記』

きのした いえさだ

木下家定

天文12～慶長13年（1543～1608）

「木下日足」

「抱き沢潟菱」

■ **家紋と旗紋**

木下家の家紋は「木下日足」、「抱き沢潟菱」に秀吉から賜った「菊」、「五三の桐」があった。菊桐は家定が秀吉の正室北政所（ねね）の実兄であったことから重用されたことによる。「菊」紋は恐れ多いとして菊の花弁と同じ数の「十六日足」を使用した（『大名家の家紋』高橋賢一）という説と「十二日足」説があり、後者が一般的である。しかし、「山崎合戦図屏風」（文献6掲載）大阪城天守閣蔵の馬印に描かれた日足の数は筆で入れた日足が21本になり、三つ巴は丸で囲まれた形になっている。

■ **経歴**

秀吉の臣。秀吉の正室北政所の実兄。家系は元杉原氏だったが後に木下姓に改姓。天正15年（1587）秀吉から播磨国に1万石を与えられ、文禄4年（1595）姫路城主2万5千石。慶長5年（1600）関ヶ原の戦いでは北政所守護にあたり、戦後備中国足守城で2万5千石。

馬印
紺地に木下日足、木下の字の四半
「山崎合戦図屏風」（文献6掲載）
大阪城天守閣蔵

■ **家系図**

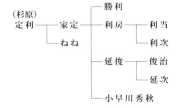

きむら しげなり

木村重成

?～元和元年（?～1615）

「四ツ目結」

■家紋と旗紋
「木村は中白の旗を真っ先に押し立て、銀瓢箪に白熊（しゃぐま）付けたる馬印」（「難波戦記」文献44掲載）として知られる。書によっては旗印に四ツ目結が描かれていたともいわれる。

■経歴
安土桃山時代から江戸時代初期の武将。長門守。秀頼の乳兄弟で、真田信繁、後藤基次、長宗我部盛親と共に秀頼四天王の一人。大坂冬の陣の講和のとき、使者として家康から誓紙を受け取った。夏の陣では自分の死期を悟り、みっともない死に方をしてはならずと髪に香を焚き締めて出陣、討死した。美丈夫の享年23歳。

家系図

```
重茲 ─┬─ 高成
      └─ 重成
```

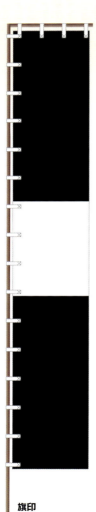

旗印
中白の旗

きのした　としふさ

木下利房

天正元～寛永14年（1573～1637）

「木下日足」

「抱き沢潟菱」

「五三の桐」

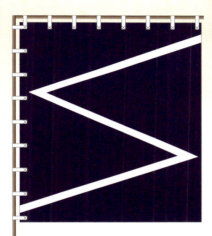

■ **家紋と旗紋**
木下家の家紋は「木下日足」、「抱き沢潟菱」に秀吉から賜った「菊」、「五三の桐」があった。菊桐は家定が秀吉の正室北政所（ねね）の実兄であったことから重用されたことによる。「菊」紋は恐れ多いとして菊の花弁と同じ数の「十六日足」を使用した（『大名家の家紋』高橋賢一）という説と「十二日足」説があり、後者が一般的である。

■ **経歴**
秀吉に仕え若狭国高浜3万石を領したが、関ヶ原の戦いで西軍（豊臣側）についたことから領地を没収された。のち、大坂夏の陣の功により元和元年（1615）備中足守に2万2千石を与えられた。

家系図

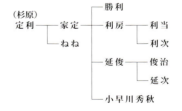

馬印
紺地に白の山道の四半
「諸将旌旗図屏風」（文献48掲載）
静岡市芹沢美術館蔵

きのした　のぶとし

木下延俊

天正5～寛永19年（1577～1642）

「抱き沢潟」

「木下独楽」

■ **家紋と旗紋**
延俊の「日出木下家」の家紋は「抱き沢潟」、替紋に「木下独楽」があったが、旗は総白。

■ **経歴**
秀吉に仕え、慶長5年（1600）関ヶ原の戦いでは東軍につき豊後国日出3万石城主。

家系図

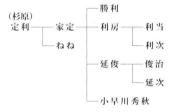

旗印
総白に鳥毛の出し
「諸将旌旗図屏風」（文献48掲載）
静岡市芹沢美術館蔵

きょうごく たかとも

京極高知

元亀3～元和8年（1572～1622）

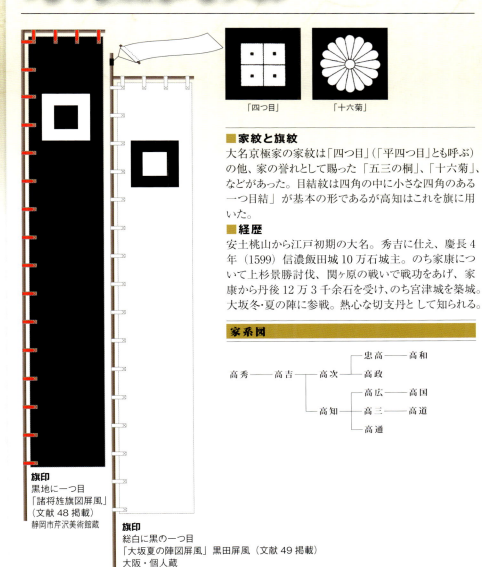

「四つ目」　「十六菊」

■ 家紋と旗紋
大名京極家の家紋は「四つ目」（「平四つ目」とも呼ぶ）の他、家の誉れとして賜った「五三の桐」、「十六菊」、などがあった。目結紋は四角の中に小さな四角のある一つ目結」が基本の形であるが高知はこれを旗に用いた。

■ 経歴
安土桃山から江戸初期の大名。秀吉に仕え、慶長4年（1599）信濃飯田城10万石城主。のち家康について上杉景勝討伐、関ヶ原の戦いで戦功をあげ、家康から丹後12万3千余石を受け、のち宮津城を築城。大坂冬・夏の陣に参戦。熱心な切支丹として知られる。

家系図

高秀 ─ 高吉 ─ 高次 ─┬─ 忠高 ─ 高和
　　　　　　　　　　└─ 高政
　　　　　　　└─ 高知 ─┬─ 高広 ─ 高国
　　　　　　　　　　　　├─ 高三 ─ 高道
　　　　　　　　　　　　└─ 高通

旗印
黒地に一つ目
「諸将旌旗図屏風」
（文献48 掲載）
静岡市芹沢美術館蔵

旗印
総白に黒の一つ目
「大坂夏の陣図屏風」黒田屏風（文献49 掲載）
大阪・個人蔵

きょうごく ただたか

京極忠高

文禄2～寛永14年（1593～1637）

旗印
白地に黒の平四つ目二つに招き
「大坂夏の陣図屏風」
黒田屏風（文献49掲載）
大阪・個人蔵

「四つ目結」

■ **家紋と旗紋**
家紋は京極高知と同じ「四つ目（平四つ目）」。忠高は家紋「平四つ目」を旗紋に使用した。しかし「諸将旌旗図屏風」静岡市芹沢美術館蔵（文献48掲載）に描かれている忠高の旗は、四角の中の目が大きく、四つの目が通常の平四つ目より、やや離れている「七つ割平四つ目」紋に似ている。通常の四つ目は戦いの場では遠目がききにくいため、このような旗紋に描いたのかもしれない。本書では原画に沿った形で旗紋を描いた。「大坂夏の陣図屏風」黒田屏風（文献49掲載）左隻には、高知軍の白地一つ目結の旗と、忠高の白地に四つ目結の旗が東軍の中で行軍している姿が見える。

■ **経歴**
慶長14年（1609）父・高次の遺領若狭小浜、近江高島郡内9万余石を継いだ。大坂冬・夏の陣に徳川方として参戦し、寛永元年（1624）越前敦賀郡に2万石余を加増。さらに出雲・隠岐に26万4千石余、石見銀山を預けられた。

旗印
赤地に白抜の平四つ目
「諸将旌旗図屏風」
（文献48掲載）
静岡市芹沢美術館蔵

番指物
赤地に白抜の平四つ目の四半
出典同上

家系図

```
高秀 ── 高吉 ── 高次 ┬ 忠高 ── 高和
                     └ 高政
           └ 高知 ┬ 高広 ── 高国
                 ├ 高三 ── 高道
                 └ 高通
```

漢和字典にみる旗

コラム◎五

　漢和辞典を見ると、旗あるいは旗の状態等を示すさまざまな漢字が出ている。以下は『学研　漢字源』藤堂明保・他編にある旗に関する漢字である。これらの漢字は中国から伝わり、その意味がほとんど変わることなくそのまま定着したものと思われる。平安時代以降日本で実際に使われた旗に関する漢字は旗、旌、旛がその代表的な漢字であるが、『武用弁略・巻の五』にある98にもおよぶ指物の名称にはこの3つ以外の漢字は使われていない。日本の武用の旗の名はこれらの漢字をよく理解しながらも、独自に名づけてきたものと思われる。

旒（ユウ　はたあし）　ゆらゆらと風に流れるはたのたれ布、吹流し

旂（キ　はた）　龍を描き、はたざおの端に鈴をつけたはた。昔諸侯が用いてたてたはた。のち広くはたのこと。

旃（セン　あかはた）　無地で赤いはた、兵や人夫を指揮するのに用いた。

旆（ハイ、バイ、はた）　先端が二つに開くはた。

旄（ボウ、モウ）　毛で作ったはたかざり。

旌（ショウ、セイ、はた）あざやかな色の鳥の羽をつけたはたじるし。

旐（チョウ、ジョウ、はた）一幅布で先端が二つに分かれた吹流し。もと黄色い布でつくり、後には亀・蛇などを描いた模様をつけた。

旈（リュウ、はたあし、ふきながし）流れるようにゆらゆらするふきながし。

旗（ギ、キ、はた）　四角できちんとしたはた。また、広くはたの総称。

旛（ハン、ホン、バン、はた）広げてたらたらと翻る、開いてたれたはた。

旟（ヨ、はた）　行軍の時におしたてる軍旗。鳥をかたどった飾りをつけた。

　上記漢字のうち、**旂・旐・旟**の具体的な形や模様を「武用弁略・巻の六」（貞享元年1684）から見てみると以下のとおりである。いずれも中国の影響がそのまま残った形の説明が書かれているが、日本のどの武将がいつ使用したというような説明はない。旗の名称はやはり日本独自のものとして発展してきたと思われる。

旂（き）

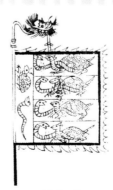
旐（ちょう）

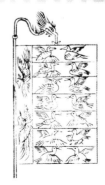
旟（よ）

<くき　もりたか>
九鬼守隆

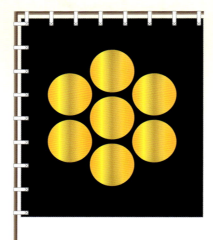
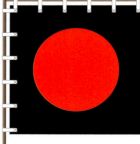

旗印
赤に墨紺二段分けに白の七曜
「諸将旌旗図屏風」
（文献 48 掲載）
静岡市芹沢美術館蔵

番指物
黒地に金の七曜の四半
『大坂両陣関東諸将軍器詳図』
（文献 24 掲載）

自身指物
黒地に朱の丸の四方
出典同左

天正元〜寛永9年（1573〜1632）

「七曜」

「裏銭」

■ **家紋と旗紋**
守隆の父嘉隆の家紋は「右三巴」であったが、守隆の代から「七曜」が九鬼家の家紋となった。「七曜」には「北斗星」の別名があり、北斗七星を意味した。守隆は、仏法によりこの星を祭ることによって不慮の災害から逃れられるといわれたこの紋を旗紋とした。替紋には「裏銭」、「五七の桐」があった（『大名家の家紋』高橋賢一）。

■ **経歴**
安土桃山・江戸前期の大名。慶長2年（1597）家督を継ぎ鳥羽城3万石。同5年関ヶ原の戦いでは父嘉隆と反対に東軍に属し、親子対立した。

■ **家系図**

```
                 ┌── 成隆
澄隆 ── 嘉隆 ──┼── 守隆 ── 良隆
                 └── 祐慶
```

自身指物
白地に朱の丸の四方
「諸将旌旗図屏風」（文献48掲載）静岡市芹沢美術館蔵

朽木稙昌

くつき（ぎ）たねまさ

寛永20～正徳4年（1643～1714）

「隅立四つ目」　「蛇の目」

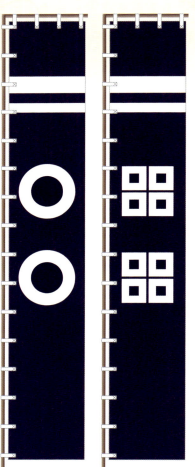

旗印
紺地に白二筋、
蛇の目二つ（推定）
『朝暉神社文書』

旗印
紺地に白二筋、平四つ目二つ（推定）
出典同左

■ **家紋と旗紋**
朽木家の家紋は「四つ目」だが、時代によって「隅立て四つ目」や「平四つ目」となった。替紋に「蛇の目」、「九曜」がある。旗紋には「平四つ目」と「蛇の目」が描かれた。稙昌の旗に関し『あさひ朝暉神社文書』に「蛇紋の目、白二筋、地絹染紺。二幅長一丈余、紋平四つ目、その外前に同じ」と明確に記載されている（『大名家の家紋』高橋賢一）。

■ **経歴**
江戸初期の大名。父稙綱の死去に伴い家督を相続、常陸土浦藩二代藩主。寛文9年（1669）丹波福知山藩3万2千石に移封。

■ **家系図**

くるしま　みちはる

久留島通春

慶長12～承応4年（1607～1655）

「久留島団扇」

「折敷に三の字」

■家紋と旗紋
久留島家の家紋は「久留島団扇」に「折敷に三の字」。以前に伊予の来島を領有したことから来島を称していたが、のち久留島に改めた。

■経歴
江戸時代前期の大名。来島長親の長男。母は福島正則の養女。慶長17年（1612）豊後森藩二代藩主。有能な人材を登用して藩政を改革。元和2年（1616）に姓を久留島に改めた。

家系図

通総 ── 長親 ── 通春 ┬ 通清
　　　　　　　　　　├ 通貞
　　　　　　　　　　└ 通逈

旗印
白地胴黒
「諸将旌旗図屏風」
（文献48掲載）
静岡市芹沢美術館蔵図

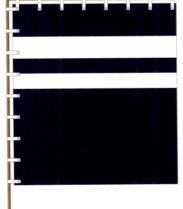

馬印
紺地に白の二引両
出典同左

黒田孝高

くろだ よしたか

天文15〜慶長9年（1546〜1604）

「黒田藤巴」

「石持」

■家紋と旗紋
黒田家の家紋は「黒田藤巴」として知られるが、他に「石餅」が有名。もともと黒い丸を「黒餅」、白い丸を「白餅」といった。「もち」は「持」「保」に通ずるところから「黒餅」は「石持」として石高を保有する意、「白餅」は「城持」の意となり、白丸・黒丸ともに「石持ち」と呼ばれて、縁起のいい紋として喜ばれた。

■経歴
安土桃山時代の武将、切支丹大名。通称「官兵衛」。信長の傘下で秀吉に仕え、毛利輝元の水攻め、本能寺の決戦で秀吉の参謀として手腕を発揮、四国・九州征伐の功で中津川12万石。秀吉死後、関ヶ原の戦いで家康につき、九州にあって反徳川勢力を一掃、45歳で長子長政に家督を譲り、入道して如水と号した。

家系図
宗満……重隆――職隆――孝高――長政――忠之

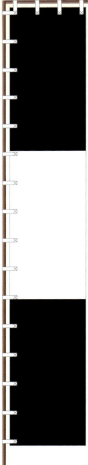

旗印
中白の旗（推定）
「黒田家譜」

くろだ ただゆき

黒田忠之

慶長7〜承応3年（1602〜1654）

「藤巴」

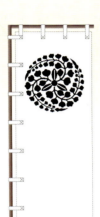

■家紋と旗紋
黒田忠之の定紋は「藤巴」、替紋に「黒田橘」。一方「島原の乱図屏風」に見える忠之の旗印は「白地に黒の藤巴」の旗。本来なら旗の上部には定紋の「藤巴」が描かれているはずだが、屏風絵は「藤巴」とはかなり異なる「三つばら藤巴」に似た紋が描かれている（文献49参照）。これに倣い、ここに掲載する忠之の旗印は「三つばら藤巴」に似た画像を推定で描いた。この紋の絵は忠之の弟、長興の旗についても同じである。

■経歴
黒田長政の嫡子、長男。江戸時代初期の大名。長政の死により忠行は筑前福岡藩二代藩主。慶長19年（1614）大坂冬の陣では、長政が幕府から江戸留守居役を命じられたため、長政に代わって出陣。忠行は派手で金使いが荒く、父長政時代からの重臣たちと対立するなどが多く性格暗愚といわれ、有能な弟長興との確執から有名な黒田騒動の原因を作った。

家系図

旗印
白地に黒の藤巴

くろだ　ながおき
黒田長興

慶長15～寛文5年（1610～1665）

「藤巴」

「黒田橘」

旗印
中白の旗
「島原の乱図屏風」
秋月郷土館蔵（文献49掲載）

■家紋と旗紋
秋月藩黒田長興の定紋は兄忠之と同じ「藤巴」、替紋に「黒田橘」。一方「島原の乱図屏風」に見える長興の旗印「中白の旗」の上部の黒の部分には、定紋の「藤巴」とは明らかに異なる「三つばら巴藤」（上記参考掲載）に似た紋が描かれている（文献49参照）。これは長興の兄黒田忠之の旗についても同じである。このため、長興の旗紋は「三つばら巴藤」に似た形で推定で描いた。

■経歴
江戸時代前期の大名。黒田長政（初代福岡藩主）の嫡子。慶長19年（1614）長政に代わって大坂冬の陣に出陣。元和19年（1623）長政が病死すると、遺言により5万石を分与されて秋月藩立藩。徳川秀忠、家光に仕えた。寛永14年（1637）島原の乱に参陣して戦功を挙げるとともに、藩政の改革に尽力した。

家系図

くろだ ながまさ

黒田長政

永禄11～元和9年（1568～1623）

「黒田藤巴」

「石持」

■ 家紋と旗紋
長政は黒田家の家紋「黒田藤巴」、「石持」を受け継いだ。父孝高の旗と同じ長政の中白の旗は巨大すぎて進退もならぬので「長政、朝鮮より帰朝のとき、如水（孝高）に相談して（十二幅を）三幅除きて九幅とす」（『黒田家譜』）とある。また、関ヶ原合戦図屏風（津軽屏風）大阪個人蔵、右隻第7扇にある「黒に中白の幟」は位置といい、文様といいまず黒田長政隊のもの」（『関ヶ原合戦図屏風集成』第3巻、文献49）とある。

■ 経歴
安土桃山・江戸初期の大名、孝高の長男。天正15年（1587）父孝高と共に九州平定で活躍。同17年22歳で家督を継ぎ、豊前中津藩12万石藩主。関ヶ原合戦では家康につき、福島正則、小早川秀秋、吉川広家を徳川方に誘い込んだ功績が大きく、筑前52万3千石を与えられた。

家系図
宗満┈┈┈重隆━━━職隆━━━孝高━━━長政━━━忠之

旗印
黒に中白、招き
「関ヶ原合戦図屏風」
津軽家本（文献49掲載）
大阪・個人蔵

旗印
紺池に黒田藤巴
「関ヶ原合戦図屏風」（文献49掲載）
彦根・井伊家蔵／彦根・木俣家蔵

くわやま かずなお

桑山一直

天正6〜寛永13年（1578〜1636）

「桔梗」

「五三の桐」

■家紋と旗紋
桑山家の家紋は「桔梗」。この他に家系により「五三の桐」、「五七の桐」を併用した。一直の旗紋は「黒餅」。

■経歴
江戸初期の大名。慶長9年兄一晴の死により大和国布施藩を継ぎ布施の新庄に居城した。慶長19年（1614）大坂冬の陣で徳川方に参戦し功績をあげた（『藩史総覧』文献26）。

家系図
```
重晴──一重──┬─一晴
              └─一直──一玄
```

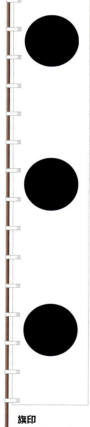

旗印
白地黒餅三つ
「諸将旌旗図屏風」（文献48掲載）
静岡市芹沢美術館蔵

こうりき　ただふさ

高力忠房

天正12～明暦元年（1584～1655）

旗印
紺地白餅、赤地に白餅の招き
「諸将旌旗図屏風」（文献48掲載）
静岡市芹沢美術館蔵

「丸に鳩の一字」

■ **家紋と旗紋**
高力家の家紋は「丸に鳩の一字」。忠房の旗印は、勝ち色（紺）に白餅＝城持ち（勝って城を持つ）、招き小旗は魔除けの赤色に白餅と、欲張った旗紋になっている。

■ **経歴**
江戸初期の大名。慶長13年（1608）家督を継ぎ武蔵国岩槻城主。関ヶ原、大坂の陣では徳川方に従軍。元和5年（1619）遠江国浜松城主、寛永15年（1638）肥前国島原城主4万石。島原の復興を進め、同時に切支丹弾圧を強化した。

■ **家系図**

安長 ── 清長 ── 正長 ── 忠房 ┬ 隆長
　　　　　　　　　　　　　　　└ 政房

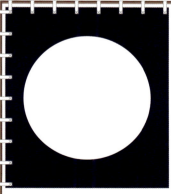

番指物
紺地白餅の四半
出典同左

小出吉英

こいで よしひで

天正15～寛文6年（1587～1666）

旗印
白地裾黒の斜め分けに白の招き
「諸将旌旗図屏風」
（文献48掲載）
静岡市芹沢美術館蔵図

「小出額」

「亀甲に小の字」

■ 家紋と旗紋
吉英（「よしふさ」ともいう）系諸家の家紋は「小出額」（「縦額に二八の文字」）。替紋は「亀甲に小の字」。

■ 経歴
祖父秀政が秀吉と同じ尾張中村の出で秀吉に取り立てられ、天正年間（1573～）には岸和田三万石を領していた。家康が上杉景勝討伐に動き出すと、二男岸和田城主秀家は上杉に、田島出石城6万石城主長男吉正が家康方についたが、戦後幸いにも咎めなく、秀政死後出石は吉正、吉英が継いだ。しかし、元禄9年（1696）出石は除封となった（『大名家の家紋』高橋賢一）。

家系図

```
秀政─┬─吉政─┬─吉英─┬─吉重
     │       │       ├─英本
     │       │       ├─英信
     │       │       └─英勝
     │       ├─吉親──英知
     └─秀家──吉成──吉忠
```

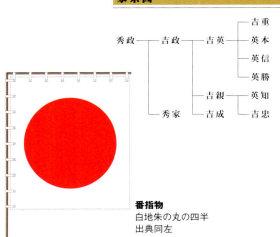

番指物
白地朱の丸の四半
出典同左

こいで　よしちか

天正18～寛文8年（1590～1668）

小出吉親

「園部額」

「亀甲に小の字」

■家紋と旗紋
家紋は「縦額」。吉親は園部に国替えされたのち園部小出家として文字をつけない「園部額」を使った。替紋には古くから使われた「亀甲に小の字」がある。旗紋に書かれた「丸に小の字」はこの紋の変形であろうか。

■経歴
江戸時代前期の大名。小出吉政の二男。元和5年（1619）丹波園部に国替えとなり、園部藩2万8千石初代藩主となった。出石城の兄吉英が除封となったため、園部藩が大名として残った。

家系図

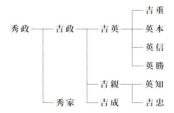

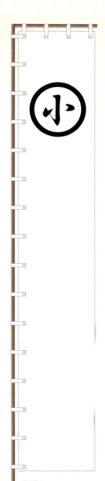

旗印
白地黒の丸に小の字
「諸将旗図屏風」（文献48掲載）
静岡市芹沢美術館蔵

後藤基次

ごとう　もとつぐ

永禄3～元和元年（1560～1615）

「下り藤」

■家紋と旗紋

家紋は「下り藤」。基次の苗字後藤は源頼朝の下で活躍した後藤則明の後裔であったことから来ているらしく、一時期「藤巴」を家紋としたといわれる。その流れで後藤家の家紋は「下り藤」に定まったものらしい（文献44掲載）が、その後「下り藤」の真中に「後」の字を入れることで「後藤藤」の名を得た。旗紋にはこの「後藤藤」が描かれている。

世界の国旗に目を向けると、緑系統の色は、サウジアラビアなどの砂漠の多い国やイスラム圏国家には多く見られるが、日本では旗印地色の浅黄は非常に珍しい。緑豊かな日本では野戦で旗の色が山の緑に溶け合って目立たないからであろうか。。

■経歴

安土桃山時代から江戸時代初期の武将。別名　又兵衛、隠岐守。黒田孝高に仕え、叔父藤岡九兵衛の反逆事件に連座して追放されたが、長政のとき再度仕えた。天正15年（1592）の朝鮮派兵、慶長5年（1600）6千石を得たが、謀反の疑いをかけられ浪人した。大坂冬の陣で秀頼に招かれて入城、討死。享年55歳。

家系図

```
基国─┬─基秀───一意
     ├─基次
     └─基景
```

旗印
裾黒浅黄地に白の「後藤藤」

こにし　ゆきなが

小西行長

?〜慶長5年（?〜1600）

「中結祇園守」

■家紋と旗紋
熱心な切支丹であった行長の家紋は「祇園守」。これには様々な形があるが、行長の紋はキリスト教の信仰に基づいて用いられた「中結祇園守」。これを旗印の一つに掲げたことが『紋所弁』に「是はいとぐるまという物にて、小西摂津守行長が四半の印にも是をつけたり」（『日本紋章学』沼田頼輔の引用より）とあり、これにより旗印を推定した。

■経歴
安土桃山終期の切支丹大名。堺出身の豪商隆佐の二男。秀吉に仕え船奉行に任命されて東瀬戸内を支配。天正16年（1588）肥後宇土城14万石、朝鮮出兵の後、加藤清正、福島正則らと対立。関ヶ原の戦いでは豊臣方に味方し、捕らえられて斬首された。

家系図

行正 ── 隆佐 ─┬─ 如清
　　　　　　　├─ 行長
　　　　　　　├─ 行景
　　　　　　　└─ 主殿介

旗印
総白の旗に白赤斜め分けの招き
「関ヶ原合戦図屏風」
（文献49掲載）
津軽屏風・個人蔵

旗印
白地に青の三本山道二つ
「関ヶ原合戦図屏風」（文献49掲載）
彦根・井伊家蔵／彦根・木俣家蔵

旗印
白地に中結祇園守（推定）
『紋所弁』

こばやかわ　たかかげ

小早川隆景

天文2〜慶長2年（1533〜1597）

「左三つ巴」

■家紋と旗紋
「雲州軍話」に尼子と戦う隆景の軍は「一品の赤旗」となっている。一文字三ツ星の紋をつけたひろい毛利の旗印と考えられる（文献43掲載）。

■経歴
戦国時代から安土桃山時代の武将、大名。元就三男、別名　左衛門佐、中納言。天文13年（1544）安芸の豪族竹原小早川家の養子となり、同19年沼田小早川氏を相続。隆景は兄の吉川元春とともに「毛利両川」と呼ばれ、父元就、兄隆元とともに中国、四国、九州の一部を平定。弘治元年（1555）の厳島合戦で元就とともに戦い、隆景は小早川水軍を率いて陶晴賢を破るなど功績を挙げた。また、安国寺恵瓊とともに活躍し、信長、秀吉とも様々な折衝に臨んだ。

家系図

```
毛利元就──┬─毛利隆元
          ├─吉川元春
          └─小早川隆景──秀包（養子）
```

旗印
一品の赤旗
「雲州軍話」文献43掲載

小早川秀秋

こばやかわ　ひであき

天正 10 ～ 慶長 7 年（1582 ～ 1602）

「三つ頭右巴」

「丸に違い鎌」

■家紋と旗紋
小早川家の家紋は関東平氏一族に多く見られた巴で、その中の「三つ頭右巴」。巴の右・左向きを決める基準がどこにあるかについては、これまで諸説がある。

ここに示した小早川秀秋の家紋「三つ頭右巴」は巴の頭につく尾の部分が右を向いているが、逆に左を向いているものを右巴とする場合がある。巴の方向についてはコラムを参照されたい。替え紋は「丸に違い鎌」を使用し、旗紋に黒の違い鎌を描いている。

■経歴
安土桃山時代の武将、秀吉の正室・北政所の兄・木下家貞の子。3 歳で秀吉の養子となり、のち小早川隆景の養子。関ヶ原の戦いで豊臣方に属していたが寝返り、豊臣方は敗れた。秀秋はその功で備前美作に 50 万石余を与えられたが、二年後 21 歳で狂い死にし小早川家は絶えた。

■家系図

興平 ── 正平 ── 隆景 ── 秀秋

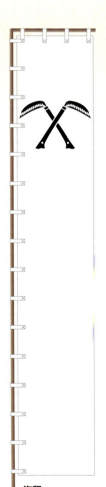

旗印
白地に黒の違い鎌
「関ヶ原合戦図屏風」（文献 49 掲載）
彦根・井伊家蔵／彦根・木俣家蔵

斉藤道三

さいとう どうさん

明応3〜弘治2年（1494〜1556）

「立波」　　「撫子」

■家紋と旗紋
道三の家紋は、岐阜常在寺に残る道三の画像の「立浪」であったといわれる。また、同じ岐阜の瑞竜寺にある道三画像に撫子紋の旗が添えられているところから、道三の紋とされている（『武家の家紋と旗印』高橋賢一の引用より）。旗はこの二つの道三画像から推定したものである。

■経歴
室町時代の武将、美濃国稲葉山城主。幼くして仏門に入り、のち山崎屋と名乗って油を売った。享禄3年（1530）長井利安を殺して跡目を継ぎ、天文7年（1538）守護代斉藤氏を継ぎ、土岐頼芸を攻め美濃国を手に入れたが、弘治2年長子義龍と戦い、敗死。

家系図
利親──利長──秀龍（道三・利政）──義龍──龍興

旗印
白地に黒の立波（推定）
『道三画像』　岐阜常在寺蔵

流れ旗
白地に黒の撫子（推定）
出典同左

斉藤利三

さいとう　としみつ

天文3～天正10年（1534～1582）

旗印
浅葱地に黒の撫子二つ
（推定）
『真書太閤記』

「撫子」

■ **家紋と旗紋**
光秀家老。『真書太閤記』に利三が掲げた旗印は、「浅黄地に撫子の紋付けたる旗一流吹き流させ」（『旗指物』高橋賢一の引用より）とあるところから、家紋は「撫子」と推定した。「山崎合戦図屏風」（文献6掲載）大阪天守閣蔵　右隻第六扇には斎藤内蔵助利三の貼札の右に旗が掲げられているが、この名は利三の通称である。この旗の紋は不明だが、花の形は花弁が五つで花びらがぎざぎざしており、撫子に似ている。しかし、その下に三つ描かれている亀甲紋は紋の名称が不明なばかりでなく、利光の先祖あるいはその子たちがこの家紋を用いた形跡はなかった。また何冊かの家紋の本にも見つからなかったため、紋名称、旗名称ともに不明である。このため、歴史読本『日本紋章学総覧』（新人物往来社、1974年）に掲載の、嗣永芳照「新井白石自筆　見聞諸家紋解説」から、旗画像に似た紋の形を用いて推定で旗印を描き掲載した。

大馬印
旗名不詳（推定）
「山崎合戦図屏風」
大阪城天守閣蔵

■ **経歴**
斉藤利三は斉藤道三とは別の系譜。安土桃山時代の武将、利賢の子、母は光秀の妹、正室は斎藤道三の娘。光秀の家老として仕え、本能寺の変では山崎の合戦に従い敗死。利三は家光の乳母春日局の父。

家系図

利安──利賢──利三─┬─利康
　　　　　　　　　　└─利宗

酒井家次

さかい いえつぐ

永禄7〜元和4年（1564〜1618）

旗印
白地日の丸三つ、日の丸の招き
「大阪両陣関東諸将軍器詳図」

「丸に片喰」

「抱き沢潟」

■ **家紋と旗紋**
家次の家系は左衛門尉系酒井家。家紋は「丸に片喰」、替紋は「抱き沢潟」。一方、旗印として酒井家には先祖伝来の「日の丸」（「朱の丸」ともいう）があった。「関ヶ原合戦図屏風」（文献49掲載）彦根・井伊家蔵には、井伊家の「赤備」に劣らぬほどの、なんと50本もの「日の丸備」の旗が描かれている。

■ **経歴**
江戸初期に譜代大名。家康の従弟。幼児のときから家康に仕え、吉田城主、下総国碓井城主5万石。さらに越後高田10万石。関ヶ原の戦いで活躍した。

家系図

忠親 ── 忠次 ── 家次 ── 忠勝

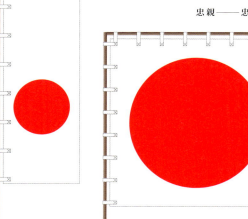

大馬印
白地日の丸の大四方
出典同左

コラム◎六
旗の色と形

　日本の伝統色の典型的な例は、中国の五行説を基にする「五色（青、赤、黄、白、黒）」がある。やがて推古天皇の時代に緑、白、赤、黄、白、紫、黒に変わり、位階を12色で表すようになるなど、色の扱いはさまざまな歴史をたどってきた

　1180年の源平の争乱が源氏の勝利で終わりを告げると、天下は平氏の赤旗から、黒の家紋をつけた白旗で覆われた。旗は当初家紋の白黒に影響されてモノトーンが多かったが、室町時代を経てやがて戦国時代になると、旗は己の旗幟、戦果を明らかにするために、形が単純明快で遠目が効く、色とりどりの旗が多くなった。北条氏康の「五色段々の大旗」はその一例であり、その色は古制により定められた「五色備」に基く、黄、青、赤、白、黒の五色であった。

　「諸将旌旗図屏風」に描かれるおおよそ250本の幟旗および馬印の地色を大まかにわけると、白・紺・赤・黒で全体の約7割強を占める。　地が白黒段々の旗が次ぎに多く、これを加えると9割を越える。残りの色は黄（金）、浅葱色である。

　一方、同じ「諸将旌旗図屏風」の旗紋の色は、白・黄（金）・黒・赤が他の色を引き離して多く使われており、紺色に入っていない。紺色は好んで地色に使われたことを示す。旗色の白は清浄無垢で守護神を呼ぶ色、赤は魔除けの色であり、遠目にも良く目立ち、士気を鼓舞する色である。黒は強い意志と迫力を感じさせる。金色は日本人の古代からの崇敬の的であった太陽の色であり、旗の場合は赤で表した太陽よりも一段上の色であった。

　また、濃い藍染の色の一種を搗染（かちぞめ）という。鎌倉時代にはかち色縅の鎧に勝利の縁起を担いでよく用いられ、勝色（かちいろ）と呼ばれて武士の間で流行した。浅葱（浅黄）色は藍染めの浅いところから現れる色で、葱の青と白の中間点の色に似ているところから浅葱と呼ばれる。戦国時代、浅葱色は「死に装束の色」といわれたとの説があるが、江戸時代には白が死装束となった。

　一方、旗紋として掲げた家紋はもともとさまざまな縁起を担ぐ意味や、瑞祥的、記念的、尚武的、尚美的、宗教的な意味を持たせたものとして形づくられてきた。毛利元就が戦陣で沢潟にトンボがとまったのを見て「勝虫が勝草にとまった」として全軍を励まし、大勝を得たとき、その記念に沢潟を副紋にしたという話は有名である。さらに、白い丸の「白餅」や黒い丸の「黒餅」はそれぞれ「城持ち」、「石（こく）持ち」（加増）につながる縁起の良い紋として武家に好んで使われ、「釘抜」紋は「九城」を抜く、即ち九つの城を戦い取る紋として好まれた。

さかい ただよ
酒井忠世

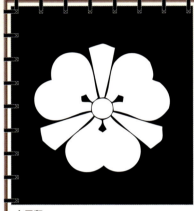

大馬印
黒地に白抜きの剣片喰の大四半
出典同左

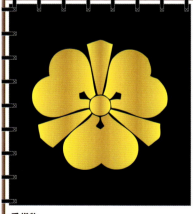

旗印
白地に黒の剣片喰、赤の招き
「諸将旌旗図屏風」(文献48掲載)
静岡市芹沢美術館蔵

番指物
黒地に金の剣片喰の四半
『大坂両陣関東諸将軍器詳図』(文献24掲載)

足軽
黒地に金の
「二本山道」
出典同左

元亀3～寛永13年（1572～1636）

「剣片喰」

「丸の内に一つ引」

■家紋と旗紋
忠世の家系は雅楽頭系酒井家。家紋は「剣片喰」、替紋に「丸の内に一つ引」がある。忠世は「剣片喰」の旗を掲げたが、大坂城が落城し元和偃武の時代になるとともにこの旗はその役目を終えた。また「大坂夏の陣図屏風」黒田屏風（文献49掲載）右隻右下に描かれている「茶色字に白丸の立ち沢潟」の旗印は、酒井家の家紋が「沢潟」とする説による推定である。

■経歴
江戸初期の大名、酒井雅楽頭重忠長男。家康に仕え秀忠の家老となり、元和3年（1617）父の遺領を継いで上野厩橋二代目藩主、翌年12万2千5百石。寛永11年（1634）まで老中を勤め幕閣の中核となった。

家系図
正親――重忠――忠世――忠行――忠清

旗印
茶色地に白丸の立ち沢潟（推定）
「大坂夏の陣図屏風」黒田屏風（文献49掲載）
大阪城天守閣蔵

酒井忠勝

さかい ただかつ

天正15～寛文2年（1587～1662）

「若狭剣片喰」

「井桁」

■家紋と旗紋
忠勝の家系は讃岐守家。父忠利の代に若狭小浜に移ったことから小浜酒井家とも呼ばれた。その家紋は「若狭剣片喰」、替紋に「井桁」があった。「井桁」の名称には諸説があり、この紋は「平井筒」とも呼ばれる。忠勝の番指物に描かれた井桁は、角で立て上から押しつぶした形であり、この形こそが本来の「井桁」とする説もある。

■経歴
元和6年（1620）徳川家光に仕え、父忠利の死後遺領を継ついで上総、下総、武蔵国に8万石を領し、川越に居住。寛永11年（1634）越前12万3千石。のち家光の命で徳川家綱を補佐した。

■家系図
```
‥‥‥忠利─┬─忠勝───忠朝
          └─忠吉───女（吉良上野介の母）
```

旗印
総赤に金団扇の出し
「諸将旌旗図屏風」（文献48掲載）
静岡市芹沢美術館蔵

番指物
総赤に白抜き井桁の四半
出典同左

さかきばら やすまさ

榊原康政

天文17〜慶長11年（1548〜1606）

「榊原源氏車」

「九曜」

■ 家紋と旗紋
榊原家の家紋は「源氏車」、替紋に「九曜」がある。「源氏車」はのち「榊原源氏車」と呼ばれた。康政の旗はこの源氏車を掲げた。この紋の中心に車の黒い心棒部分の本数により「十二本骨源氏車」とも呼ばれる。大須賀家の家紋「九曜」が榊原家の替紋となった。

■ 経歴
安土桃山・江戸初期の武将、大名。家康に仕え、姉川合戦、三方ヶ原合戦、長篠合戦に従軍。さらに天正12年（1584）小牧・長久手の合戦を経て館林10万石初代藩主。徳川四天王の一人と謳われた名将。

■ 家系図
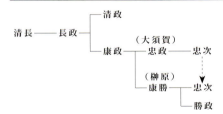

旗印
白地に黒の源氏車、赤の招き
「長篠合戦図屏風」（文献49掲載）
成瀬家蔵

さかきばら　やすかつ

榊原康勝

天正18～元和5年（1590～1615）

「榊原源氏車」

「九曜」

旗印
赤地に白の九曜
『大坂両陣関東諸将軍器詳図』
（文献24掲載）

■ **家紋と旗紋**
家紋は榊原康政と同じ「榊原源氏車」、替紋は「九曜」。康勝は旗紋に「九曜」を掲げたが、『大坂両陣関東諸将軍器詳図』の旗画像の「九曜」は紋の星が小さな「細川九曜」に酷似している。

■ **経歴**
榊原康政の三男。父の死により家督を継ぎ、館林10万石二代藩主。大阪冬・夏の陣に徳川方として出陣し、のち病死した。

■ **家系図**

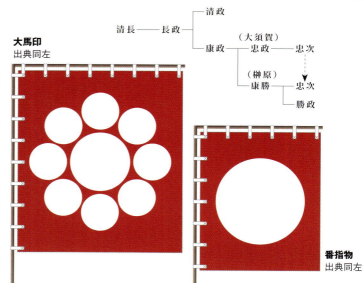

大馬印
出典同左

番指物
出典同左

さくま　もりつぐ

佐久間盛次

生没年不詳

「丸に三つ引両」

「九曜」

■家紋と旗紋
佐久間家の家紋は「丸に三つ引両」、「九曜」。「賤ヶ岳合戦図屏風」（文献49掲載）大阪城天守閣蔵には盛次が名乗った久右衛門の名の貼り札が数箇所あり、そこに「丸に三つ引両」の旗が描かれている。旗の色は一見白に見えるが、合戦図屏風にはかすかに浅葱色が残っているように見える。このため旗名称は推定で"浅葱地"とした。

■経歴
室町から安土桃山にかけての武将。久右衛門と名乗り、織田信長に仕えた。信盛は従弟。詳細不明。

家系図
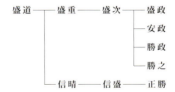

旗印
浅葱地黒の丸に三つ引両三段、浅葱の招き（推定）
「賤ヶ岳合戦図屏風」（文献49掲載）
大阪城天守閣蔵

さくま　もりまさ

佐久間盛政

天文22～天正11年（1553～1583）

「丸に三つ引両」　「九曜」

■家紋と旗紋
「賤ヶ岳合戦図屏風」の数箇所に「佐久間玄蕃允」や「地紅玄蕃」などの貼り札がある。その上部に、猛将ゆえに鬼玄蕃と恐れられた盛政の旗が高々と描かれており、盛政の威勢を見ることができる。旗の形は乳付旗でなく旗竿部分が筒状の袋縫いになっているものが多い。

■経歴
佐久間盛次の長男、織田信長の臣。剛勇をもって知られ鬼玄蕃の名で呼ばれた。のち柴田勝家に仕え、加賀国尾山城主。賤ヶ岳の合戦で豊臣方の中川清秀を討ったが、捕らえられ京都で斬られた。

家系図

盛道―盛重―盛次―┬盛政
　　　　　　　　├安政
　　　　　　　　├勝政
　　　　　　　　└勝之
　　　└信晴―信盛―正勝

馬印
白地赤の丸に三つ引の四半
出典同左

旗印
赤地黒の丸に三つ引三つ、白の招き
「賤ヶ岳合戦図屏風」
（文献49掲載）
大阪城天守閣蔵

番指物
白地黒餅三つ
出典同左

さくま　のぶもり

佐久間信盛

大永 8〜天正 10 年（1528〜1582）

旗印
白黒浅葱の段々に招き（推定）
「長篠合戦図屏風」（文献 49 掲載）
成瀬家蔵

「丸に三つ引両」　　「九曜」

■ 家紋と旗紋
「長篠合戦図屏風」（文献 49 掲載）犬山・成瀬家蔵の左下には、「白き吹きぬき、佐久間右衛門尉信盛」と『信長記』に書かれた「吹きぬき」と並んで白黒浅葱段々の旗が描かれている。『戦国合戦絵屏風集成』中央公論社によれば「屏風のこの場所に貼り札の跡が残っているが、この貼り札は、徳川本・松浦家写本には「佐久間右衛門信成」とあり、この記入の「信成」が「信盛」の誤記とすれば、ここに描かれている人や旗は「佐久間信盛」となる」という。これにより「白黒浅葱の段々」の旗は佐久間信盛のものと推定し、掲載した。

■ 経歴
佐久間晴信の子。織田信秀に仕え、信長が家督相続するときこれを支持し信長の信任を得た。叡山焼討ち、三方ヶ原合戦、長篠合戦、朝倉攻めなどで戦功を立てたが、石山本願寺攻撃の不手際により追放された。

家系図
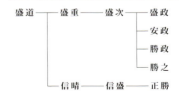

さっさ なりまさ　　　　　　　　　　　　　天文8〜天正16年（1539〜1588）

佐々成政

「隅立四つ目」

■家紋と旗紋
佐々家は宇多天皇の子、敦実親王から出た近江源氏の一族、佐々木盛綱の孫で、上総の佐々木郷の出。当時この一族は広く目結を用い、のち四つ目結に定着したといわれる。佐々家の家紋は「滋目結」（紋章学上は目が16以上の紋）を使ったという説や、替え紋は「棕櫚」という説があるがはっきりしない。ここに掲載した旗は佐々家の家紋、のち「隅立四つ目」と呼ばれた紋を推定して掲げたものである。

■経歴
織田信長に仕え、越前朝倉攻め、一揆軍との戦いに功あって越前府中を与えられ、のち越中富山に移った。本能寺の変後、織田信雄、徳川家康に呼応して豊臣方の前田利家と戦ったが、翌年秀吉の攻撃を受けて降伏。のち秀吉に仕え肥後熊本城主となったが、不手際があったとして切腹した。

■家系図
（佐々家の系統には二説あり、以下は上総国佐々庄の系）

```
（成宗）
盛政─┬─政次
　　 └─成政─┬─信治
　　　　　　 └─成治
```

旗印
白地に隅立四つ目（推定）

コラム◎七
巴の右向き、左向きと旗紋との関係

　家紋に興味を持つ人なら誰でも巴紋の左右の向きに悩まされる。家紋の本によりけりでまったく同じ紋なのに右巴、あるいは左巴と逆の呼称が付されているからだ。巴紋はもともと大きな丸の方を頭と見て、頭の向きが右回り（時計回り）のものを右巴、反対に左回り（反時計回り）を左巴と呼んだという。ところが、平安末期から安土桃山時代の終わりまで、つまり巴紋が武士に多く使われるようになった時代に巴の細い部分、巴の尾の向きを基準にして左右を区別する呼び方が広がったというのだ。

　この問題は現代になってからも論争があり、沼田頼輔は大正15年に大著『日本紋章学』において雅楽で使用される大太鼓に描かれている二つ巴、三つ巴の紋を参考にして、巴の大きな頭の向きが時計回りは右巴、反時計回りは左巴という説を主張した。一方、家紋の上絵師であり直木賞作家でもある泡坂妻夫は著書『家紋の話』1997年で、巴の左右は巴の尾の向きで左右を決めるのが本筋と解説した。少々長くなるがその文を次に引用する。

　「巴の左右はその渦の巻き方による名称ではないのです。このことは、巴と兄弟分の卍と巴とを並べて見れば一目瞭然」、「卍は十の形の各先端に鉤が出た紋です。その鉤が出た方向が左なら左卍、右なら右卍」、「巴の左右は卍の名称を踏襲しており、卍の細い部分が巴の尾に対応している。つまり、左卍と左巴は同類形なのです」、「これに実に簡単でいつも感心するのですが、まず左拳を握って手首を見ます。するとその形が左巴の形になっているのです。右拳を握れば、たちどころに右巴の形が現れるわけです」。

　現在は沼田説が学問的に正しいとされているが、さまざまな家紋の本が両説に従ってそれぞれの巴の名称を付しているため、混乱が生じているのである。本書も武将や大名の家紋を調べた本に従って巴紋の名称を書いているため、巴の呼称が統一されていないものがある。

　さらに、旗印の場合は「旗に名を書くこと。……文字は竿に向かうようにこれを書く」（コラム四「旗の素材と製法」65ページ参照）ため、本書では旗竿を左に統一して、竿に寄せて字や紋を描いている。しかし、合戦図屏風や「諸将旌旗図屏風」静岡市芹沢美術館蔵、「大坂両陣関東諸将軍器詳図」などには旗竿が右にありながら字や旗紋を左竿に合わせて描いてあるもの、あるいはその逆がある。旗竿右で描いてある左右対称でない旗紋を旗竿左に直せば旗字と同じように旗紋の向きも左右逆転してしまう。しかし、旗竿右の場合でも旗紋を正しい向きで描いている場合もあれば、誤りの場合もあるように思われる。たとえば巴の旗紋が右竿で描かれている場合、それが正しいのかどうか、上記のような巴の左右の混乱があるゆえに迷うことがある。

　また、巴の左右とは関係ないが、巴紋の基本は頭が大きく尾が太いのが基本形である。しかし、中には頭部が大きいものと小さなもの、尾が太いもの・細いもの、尾が長いものなど様々である。家紋が頭大・尾太であるにもかかわらず、旗紋は頭小・尾細・尾長であるものが少なくない。このことが本書を書く上で一つの悩みであった。今後さらに家紋と旗紋の関係を調べていきたい。

右／左三巴

五つ割り左卍

左／右三巴

尾長左／右巴

離れ左／右巴

佐竹義宣

さたけ よしのぶ

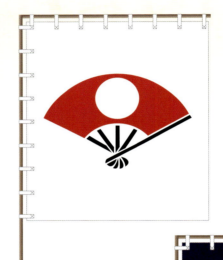

旗印
白地赤の扇に白丸
「諸将旌旗図屏風」（文献48掲載）
静岡市芹沢美術館蔵

馬印
白地赤の扇に白丸の四半
出典同左

自身指物
総紺の四半
出典同左

元亀元～寛永10年（1570～1633）

「扇に月丸」

「佐竹桐」

■家紋と旗紋
佐竹家の家紋は「扇に月丸」、「佐竹桐」。扇は五本骨、円形で月を表す。源頼朝が佐竹家の先祖秀義の旗が自分と同じ白旗であるのを嫌い、手にしていた扇を与えて旗の上部につけよと命じた（『太平記』、『大名家の家紋』高橋賢一の引用より）のが始まりという。当時、軍扇は表紅地に金で日、裏が銀で月を表した。佐竹家の「扇に月丸」はつまり裏側であり、旗紋に赤地に白丸、家紋にはただの円を用いた。

■経歴
安土桃山から江戸初期の武将。秀吉に仕え、小田原の役に参陣して常陸54万5千8百石の大名となった。関ヶ原の陣では豊臣方に味方したため、慶長7年（1602）出羽20万石に減封、秋田藩祖となった。

家系図

義昭――義重――義宣――義隆

馬印
赤地白扇に金の丸の四半
『大坂両陣関東諸将軍器詳図』
（文献24掲載）

さなだ　ゆきたか

真田幸隆

永世10〜天正2年（1513〜1574）

「六連銭」

「結び雁金」

「洲浜」

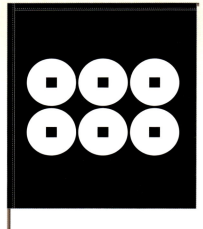

■ **家紋と旗紋**
真田家の家紋は「真田銭（六連銭）」、「結び雁金」、「洲浜」。「六文銭」は俗称。「六連銭」は、「蒙古襲来絵詞」にも出てくる古くから使われた紋で真田家独自のものではない。真田家がこの紋を使ったのは幸隆から始まる。以来その子孫がこの紋を旗紋に掲げた。人間が死ぬ時に行く道々で地蔵に払うため棺桶に入れたのが「六連銭」。戦場ではこれを旗に掲げ決死の覚悟で戦ったのだろう。

■ **経歴**
信濃小県郡の豪族棟綱の長男。天文13年（1544）武田晴信（信玄）に招かれてその旗下に入った。長尾景虎と対戦し功を立てて松尾城主となり、小県郡、上野国吾妻郡を支配した。

家系図

大馬印
黒地大四半に六連銭
「川中島合戦図屏風」（文献49掲載）
にしむら博物館蔵

さなだ　のぶつな

真田信綱

天文6〜天正3年（1537〜1575）

「六連銭」　「結び雁金」　「洲浜」

旗印
白地に竪六連銭に招き
「長篠合戦図屏風」
（文献49掲載）
成瀬家蔵

■ **家紋と旗紋**
家紋は真田幸隆に同じ。「長篠合戦図屏風」（文献49掲載）犬山・成瀬家蔵の中央上部には、「真田源太左衛門信綱」と書いた貼札があり、そのそばに信綱の「竪六連銭」、「黒地に白餅」や「木瓜」の旗がすべて倒れ、信綱自身も落馬している姿が描かれている。そのやや上にも兄昌輝と推定される貼札があり、武田軍の悲惨な敗戦の状況が描かれている。

■ **経歴**
信濃国上田城主、幸隆の長男。弟昌輝、昌幸とともに武田信玄に仕え、上杉謙信に対抗し功を上げた。天正2年（1574）幸隆病死により遺領を継いだが、翌年の長篠合戦で武田勝頼につき、弟昌輝とともに戦死した。

家系図

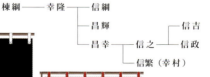

大馬印
黒の大四半に白餅
出典同左

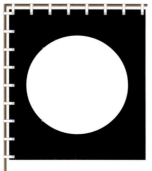

馬印
白地四半に木瓜
出典同左

141

さなだ まさてる

真田昌輝

天文11～天正3年（1543～1575）

「六連銭」

「結び雁金」

「洲浜」

■ **家紋と旗紋**
家紋は真田幸隆と同じだが、昌輝の旗紋には真田家の一員としては珍しく「六連銭」がない。「長篠合戦図屏風」（文献49掲載）犬山・成瀬家蔵の中央上部には、「真田兵部昌?」（=昌輝と推定）の貼札があり、武田軍の悲惨な敗戦の状況が描かれている。

■ **経歴**
真田幸隆二男。武田信玄・勝頼の二代に仕え、永禄12年（1569）武田氏の小田原城攻囲で北条氏照を破ったが、長篠合戦では織田・徳川連合軍に破れ戦死した。

■ **家系図**

旗印
白・浅葱の二段分けに赤の招き（推定）
「長篠合戦図屏風」（文献49掲載）
成瀬家蔵

さなだ まさゆき

真田昌幸

天文16～慶長16年（1547～1611）

旗印
革製六連戦紋旗指物
（文献68掲載）

「六連銭」

「結び雁金」

「洲浜」

■ **家紋と旗紋**
家紋は真田幸隆に同じ。「革製地に真田家の家紋「六連戦」が上下2ヵ所に金で印されている。真田昌幸所用と伝わる「啄木糸素懸伊予札胴具足」（たくぼくいとすがけいよざねどうぐそく）等とともに伝来した旗（文献68より）。

■ **経歴**
戦国時代から江戸初期の武将大名。別名源五郎、武藤喜兵衛、安房守。幸隆三男。武田信玄に仕え、足軽大将。天正3年（1575）長篠の役で信綱、正輝両兄が戦死し、信濃上田城主となる。天正10年（1582）に武田氏が滅びたので、越後上杉、小田原北条、徳川家康と同盟し、沼田領を守った。天正13年家康が北条氏と講和し、その条件として沼田領を割譲することになったが、昌幸はそれに従わず家康と断絶した。同17年、秀吉に従い、その命により沼田領を北条氏に譲ったが、翌年北条氏が滅び旧領を取り戻した。関ヶ原役では西軍に参戦し（上杉景勝の関東出兵に従った説が有力）、敗戦後次男幸村と高野山麓九度山に蟄居した。

家系図

さなだ　のぶゆき

真田信之

永禄9〜万治元年（1566〜1658）

「六連銭」

「結び雁金」

「洲浜」

旗印
白地胴赤に雁金の出し
「諸将旌旗図屏風」
（文献48掲載）
静岡市芹沢美術館蔵

■ **家紋と旗紋**
家紋は真田幸隆に同じ。信之の胴赤の旗の意匠は真田信吉と同じだが、乳が白。赤はアカネの根で染めたやや暗い赤色。雁金の「出し」とは雁を象った旗先につける印である。

■ **経歴**
信濃国上田城主。昌幸が家康に臣従したとき、その長男信之は人質として浜松城に入り、文禄2年（1593）沼田城主となった。慶長5年（1600）関ヶ原の戦いでは、父昌幸、弟信繁（幸村）は豊臣方、信之は徳川方についた。どちらが倒れても真田の血筋は残るとの判断でそうしたと言われる。（昌幸と信繁は上杉景勝の関東出兵に従った説が有力）信之は徳川秀忠の先陣を勤め、戦後その功により父弟の助命を乞い、翌年には信濃上田城6万3千石、大阪両陣でも活躍し、信濃松代藩10万石。

■ **家系図**

```
棟綱 ─── 幸隆 ─┬─ 信綱
                ├─ 昌輝
                └─ 昌幸 ─┬─ 信之 ─┬─ 信吉
                          │         └─ 信政
                          └─ 信繁（幸村）
```

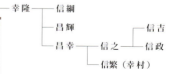

馬印
黒地に金の六連銭の四半
出典同左

さなだ　しげのぶ

真田信繁（幸村）

永禄10～元和元年（1567～1615）

「六連銭」

「結び雁金」

「洲浜」

旗印
総赤に赤の招き
「大坂夏の陣図屏風」
黒田屏風（文献49掲載）
大阪天守閣蔵

旗印
赤地に竪の真田銭、裾白
「大坂夏の陣図屏風」
（文献19掲載）
岐阜市歴史博物館蔵

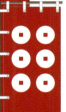

旗印
鹿角・六連銭紋旗指物
（文献68掲載、個人蔵）

■家紋と旗紋
家紋は真田幸隆と同じ。幸村の総赤の旗は「大坂夏の陣図屏風」（文献49掲載）黒田屏風の右隻中央に旗や装束を赤一色に統一した幸村隊の旗として描かれており、その姿はあたかもつつじの花盛りのようであったと伝えられる。また、赤地に六連銭の旗は幸隆以来の旗だが、幸村のころには六連銭の旗は一つの型として定着しており、四尺ほどの赤四半に白く「六文銭」を抜いたものであったという。この旗の原図は見当たらないので掲載していないが、「大坂夏の陣図屏風」（文献19掲載）岐阜市歴史博物館蔵には赤地に竪の真田銭（六連銭）、裾白の旗がある。

■経歴
昌幸の二男、豊臣方の知将。本名は信繁。慶長5年（1600）関ヶ原の戦いで父と共に、徳川秀忠に対戦した。敗戦後、兄信之の助命により死を許されて高野山麓の九度山に蟄居。しかし慶長19年豊臣秀頼が挙兵すると、信繁は大坂城に入り冬の陣で奮戦、翌年夏の陣で徳川軍を悩ませたが、茶臼山の戦いで戦死した。

家系図

さなだ　のぶよし

真田信吉

文禄4〜寛永11年（1595〜1635）

旗印
白地胴赤
「諸将旌旗図屏風」
（文献48掲載）
静岡市芹沢美術館蔵

「六連銭」

「結び雁金」

「洲浜」

馬印
紺地に六連銭の四半
出典同左

■ **家紋と旗紋**
家紋は真田幸隆と同じ。　信吉の胴赤の旗印、使番の旗はいずれも父信之の旗と同じ意匠だが、この二人の旗は両方とも「諸将旌旗図屏風」（文献48掲載）に描かれており、乳の色を白と赤とで区別してある。幸村討死後、敵・幸村の旗2本が形見として信吉の陣に届けられたが、信吉が勝手に貰い受けるわけにはいかないのでどうしたらよいか家康に尋ねたところ、受け取っておくよういわれ、信之・信吉親子は感激したという話が『近古武事談』に残っている（『旗指物』高橋賢一の引用より）という。

■ **経歴**
真田信之の長男。慶長19年（1614）父と共に大坂冬の陣に徳川方として参戦。父信之が上田城に移ったのち、上野国沼田城3万石。

家系図

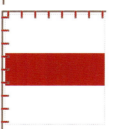

使番
白地胴赤の四半
出典同左

しばた かついえ　　　　　　　　　大永2?〜天正11年（1522?〜1583）

柴田勝家

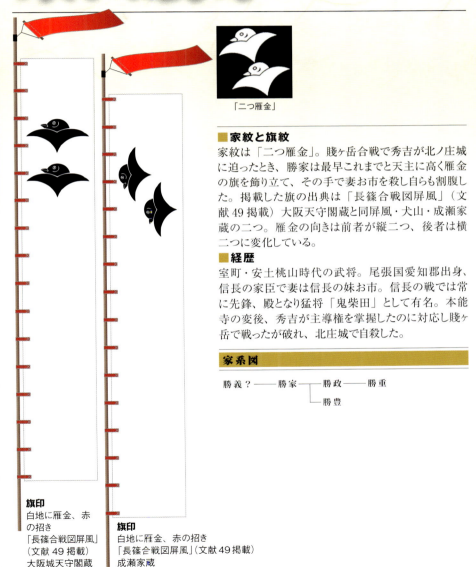

「二つ雁金」

■ **家紋と旗紋**
家紋は「二つ雁金」。賤ヶ岳合戦で秀吉が北ノ庄城に迫ったとき、勝家は最早これまでと天主に高く雁金の旗を飾り立て、その手で妻お市を殺し自らも割腹した。掲載した旗の出典は「長篠合戦図屏風」（文献49掲載）大阪天守閣蔵と同屏風・犬山・成瀬家蔵の二つ。雁金の向きは前者が縦二つ、後者は横二つに変化している。

■ **経歴**
室町・安土桃山時代の武将。尾張国愛知郡出身、信長の家臣で妻は信長の妹お市。信長の戦では常に先鋒、殿となり猛将「鬼柴田」として有名。本能寺の変後、秀吉が主導権を掌握したのに対応し賤ヶ岳で戦ったが破れ、北庄城で自殺した。

家系図

勝義？ ── 勝家 ─┬─ 勝政 ── 勝重
　　　　　　　　└─ 勝豊

旗印
白地に雁金、赤の招き
「長篠合戦図屏風」
（文献49掲載）
大阪城天守閣蔵

旗印
白地に雁金、赤の招き
「長篠合戦図屏風」（文献49掲載）
成瀬家蔵

島清興

しま きよおき

?～慶長5年（?～1600）

「丸に三つ葉柏」

■家紋と旗紋
島の家紋は書によりいくつかの柏関連の紋があるが、「丸に三つ葉柏」とするものが多い。
旗の神号は「鎮守霊多神　鬼子母神十羅刹女　八幡大菩薩」。

■経歴
安土桃山時代から江戸時代初期の武将。別名は左近、勝猛。天正13年（1585）豊臣秀長に仕えた後、石田光成に1万5千石の高禄で招かれた。清興の見事な活躍から「光成に過ぎたるものが二つあり、島の左近と佐和山の城」と言われた。慶長5年大坂の陣で討死。

家系図

正勝　──　清興　──　信勝

旗印
白地裾黒斜め分けに
神号と柏紋
「関ヶ原合戦図屏風」
木俣家蔵、彦根博物館
（文献49掲載より作成）

馬標
白地に黄の二筋旗
「山崎合戦図屏風」
大阪城天守閣蔵（文献6掲載）

しまづ よしひろ

島津義弘

天文4〜元和5年（1535〜1619）

「筆十字」

「丸に十字」

「牡丹」

■ 家紋と旗紋
島津家の家紋は「筆十字」、「丸に十字（轡）」、「牡丹」、「桐」など。牡丹は昔の近衛家とのつながり、桐は秀吉との縁を示す。家紋の十字はもともと厄払い、招福の印と信じられ、これが旗紋となったといわれる。このころ「丸に十字」の旗が多く使われるようになったが、これはやがて馬の口にはませ、手綱をつけて馬を御す轡（くつわ）と呼ばれるようになり、「轡十字」などの紋に広がった。切支丹禁止以後十字架と混同されないため、あるいは轡に十字の意味を込めるためであったと思われる。島津家の先祖は日本に宣教師が来る以前の鎌倉時代から既に十字を旗紋に使っていた。

■ 経歴
島津氏第17代当主。貴久二男。天正13年（1585）筑前、豊後を除く九州全域を制圧し、慶長3年（1598）朝鮮の役で朝鮮水軍の李舜臣を倒した。関ヶ原では豊臣方に属したが敗戦、桜島に蟄居した。

家系図

大馬印
白地に黒の筆十字の大四半
出典同左

旗印
黒地に筆十字、白に一引の招き
「関ヶ原合戦図屏風」
（文献49掲載）
津軽屏風・個人蔵

旗印
白地裾黒斜め分けに丸に十字
「関ヶ原合戦図屏風」
（文献49掲載）彦根・木俣家蔵

しまづ いえひさ

天正6～寛永15年（1578～1638）

島津家久（忠恒）

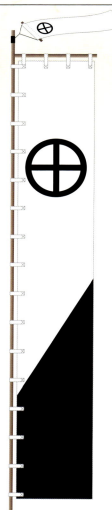

「筆十字」

「丸に十字」

「牡丹」

■ **家紋と旗紋**
家紋は島津義弘と同じ。島津家の家紋・旗紋はもともと筆勢の十字そのものであったが、その後いろいろ変化して義弘、家久のころに旗の下方を斜線で区切って黒とし、上を白として「丸に十字」を入れる形になった。義弘、家久いずれもこの旗印を使用している。

■ **経歴**
島津氏第18代当主、薩摩藩初代藩主、義弘第三子。兄・久保の死により継嗣となり、朝鮮の役に従軍、関ヶ原の戦いでは徳川方につき父義弘から家督を相続、薩摩65万石。慶長14年（1609）琉球を薩摩藩の属領とし、寛永元年（1624）から妻子を江戸に居住させて参勤交代制の先駆けとなった。

家系図

旗印
白地斜め分けに丸に十字、招き
「諸将旌旗図屏風」（文献48掲載）
静岡市芹沢美術館蔵

しまづ とよひさ

島津豊久

元亀元〜慶長5年（1570〜1600）

「筆十字」　「丸に十字」

■家紋と旗紋
家紋は「筆十字」と「丸に十字」。ここに掲載した旗の原図「関ヶ原合戦図屏風」津軽屏風（文献49掲載）に描かれた黒地に白の筆十字の旗は島津隊のものと推定される。さらにこの右には「黒地に丸に十字」の旗が見られ、これが「島津義弘の甥・豊久の部隊であった」ろうという（『戦国合戦絵屏風集成』中央公論社）。義弘はここで筆十字の旗を降ろし、豊久の旗を背に敵中突破を開始し、豊久はその後を守って討死した。

■経歴
安土桃山末期の日向佐土原城主、島津家久の子。小田原の役や慶長の役で戦功をあげ、関ヶ原の戦いでは豊臣方に出陣していた島津義弘の身代わりになって戦死した。

家系図

旗印
黒地に白の丸に一字二つ（推定）
「関ヶ原合戦図屏風」（文献49掲載）
津軽屏風　大阪・個人蔵

島津忠興

しまづ ただおき

慶長4〜寛永14年（1599〜1637）

「影轡」

「片喰」

■家紋と旗紋
家紋は黒の丸に十字の「影轡（かげくつわ）」（「轡」は島津義弘参照）、替紋に「片喰」。旗紋は縦長の十字に二つ引両だが、「諸将旌旗図屛風」（文献48掲載）を見るとこの十字は島津義弘の筆勢の強い筆十字ではなく、字体が丸くなったように見える。日本の久留子の形を持つ紋は縦横の長さが同じものがほとんどであり、十字の縦が長い島津氏の十字はむしろ例外である。これは島津氏の縦長十字がキリスト教に基づくものでないことを示している。西洋紋章では縦横同長のものをギリシャ十字、縦長をラテン十字という。

■経歴
島津氏薩州家初代当主以久の三男。慶長15年（1610）父の遺領を継ぎ日向国佐土原藩二代藩主。ここから佐土原島津家とも呼ばれる。慶長19年（1614）大坂冬の陣に徳川方として参陣。

家系図
忠良 ── 忠将 ── 以久 ── 忠興 ┬ 久雄
　　　　　　　　　　　　　　　├ 久富
　　　　　　　　　　　　　　　└ 久遐

旗印
白地に黒の十字、二引両
「諸将旌旗図屛風」（文献48掲載）
静岡市芹沢美術館蔵

しんじょう なおさだ

新庄直定

永禄5〜元和4年（1562〜1618）

旗印
紺地に白の斜め二引
「諸将旌旗図屏風」（文献48掲載）
静岡市芹沢美術舘蔵

「三つ藤巴」

「新庄六つ葵」

■家紋と旗紋
慶長9年以来常陸の麻生にあった大名、新庄家の家紋は「三つ藤巴」。替紋に「新庄六つ葵」がある。旗紋は紺地に斜めの二引両という珍しく、なかなかモダンな意匠である。原画は旗竿が右になっているため、ここに掲載する旗の画像は、左に統一した旗竿に合わせて白の斜め二引両を左右反転させている。

■経歴
常陸麻生城主直頼の子。父と共に秀吉、秀頼に仕えた。関ヶ原の戦いで豊臣方に属したため、戦後改易され父と共に会津に流され蒲生秀行に預けられた。慶長9年許されて家康に仕えた。大坂夏の陣では先陣の功を立てた。

家系図

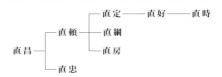

杉原長房

すぎはら　ながふさ

天正2～寛永6年（1574～1629）

「萩の丸」

■ 家紋と旗紋
杉原家の家紋は「萩の丸」（『寛政重修諸家譜』）。

■ 経歴
家次の子。秀吉に仕え天正12年家督を継ぎ但馬国豊岡城主、播磨国三木城主を兼ねて3万石。関ヶ原の戦いで豊臣方に味方したが、戦後所領を安堵された。父家次が秀吉の妻高台院（北の政所）の兄であり、長房の妻の父が浅野長政であったことによるといわれる。

家系図

家利──家次─┬─長房─┬─長重──重玄
　　　　　　└─議正　└─長俊

旗印
白地裾黒
「諸将旌旗図屏風」（文献48掲載）
静岡市芹沢美術館蔵

コラム◎八

定紋と替紋、女紋

　鎌倉中期に多くの武士が家紋を持つようになったころは、家紋は同名字に一つが原則であったが、戦国時代にかけた戦いの中で武功の紋として上位者から家紋を下賜、譲与されるなどにより多くの武士が同名字でも多くの家紋を持つようになった。江戸時代にはたとえば「伊達氏は竹ニ雀・牡丹・三引両・九曜・鴛鴦丸（おしのまる）・桐・薺」の七種を用い、山内氏は、白黒一文字・三葉柏・大一大万大吉・桐・石持・鎌二輪・浜丸・折烏帽子・九枚柏の七種を用いた。旗本の中では伊丹氏が・・十三個」（『日本紋章学』沼田頼輔）を用いたという。

　このため公用や儀式用の家紋を他に区別して定める必要にせまられたが、これを定紋または正紋（あるいは本紋、表紋、代表紋）と呼び、非公式な場で使われる紋を替紋（たいもん、かえもん）または副紋あるいは裏紋、別紋、控紋というようになった。元和偃武も過ぎてますますすべてが制度化・格式化されると、非公式な行事や忍びで出かけるようなときには公式行事用の家紋を使うわけにはいかず、また衣服などの「当然あるべきところに紋のない異様さは、かえって目につく」（『日本の家紋』荻野三七彦）ので替紋は字義通り使われたのである。さらに誰もが用いてもよい通紋・無駄紋が出るようになった。

　また、女性が輿入れする場合には実家の家紋をそのまま用いる場合もあるが、特別に女性用の優美な家紋を作る場合があり、これを「女紋」といった。これは関西地方に多く、その嫁が女子を生み他家に嫁ぐ度にその紋を用いることもあった。

　江戸時代中期以降、庶民の間では女性に限らず家紋は装飾的な紋に変化した。「『相愛の男女が自分の家紋を二つ並べた比翼紋』にしたり『鏡の裏に家紋をつける風習が大衆化し』『印籠や……碁盤、櫛、手拭いにまで家紋をつける』ことが大流行した」（『日本家紋大鑑』能坂利雄、新人物往来社、1980年）。

千石秀久

せんごく ひでひさ

旗印
白地裾黒斜め分けに永楽銭、白の招き
『大坂両陣関東諸将軍器詳図』
（文献 24 掲載）

大馬印
白地永楽銭の大四半
出典同左

番指物
黒白段々
出典同左

天文 21 ～慶長 19 年（1552 ～ 1614）

「永楽銭」

「無の字」

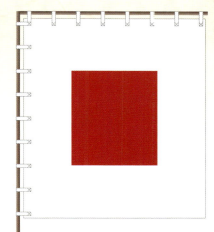

■ 家紋と旗紋
千石家の家紋は「永楽銭」、「無の字」、「五三の桐」。「永楽銭」は信長が掲げた旗印を家紋にもらったもの。「無」のくずした一字は、常に死と隣り合わせで生きた武士にとってすべてを無と達観することが一つの救いであったことを物語る。千石家の他に織田、山内家などもこの紋を旗紋に掲げた。

■ 経歴
秀吉の臣。近江国野洲郡に1千石、淡路洲本城5万石。天正13年（1585）四国討伐の功で讃岐一国を与えられ高松城主。翌年、戸次川の戦いで単独行動して島津氏に大敗し、所領を没収されたが、天正18年（1590）家康を頼って小田原の役に参戦、功により信濃国佐久郡小諸城初代城主。関ヶ原の戦いでは徳川秀忠に従って参戦したが、のち病死。

■ 家系図

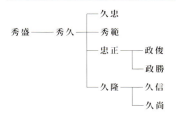

番指物
白地に赤の四半
出典同左

そう よしなり

慶長9～明暦3年（1604～1657）

宗義成

「丸に隅立四つ目」

「五七桐」

「十六菊」

■ **家紋と旗紋**

宗家の家紋は「丸に隅立四つ目」、栄誉の紋として「五七桐」、「十六菊」があった。宗家が活躍したとの記録は朝鮮の役に多いが、義成はこのときまだ生まれていない。「諸将旌旗図屏風」（文献48掲載）にあるこの旗は父将盛のものと同意匠のものであったと思われる。父義智の真紅の地に白の細筋二条の旗は、文禄元年（1592）文禄の役で先鋒隊として小西行長隊の先頭に翻っていたという。

■ **経歴**

義智長男。慶長20年（1615）父義智の死により家督を相続し、対馬藩二代目藩主。大坂夏の陣に徳川方として参陣。ところが寛永12年（1635）父義智が朝鮮との間で国書を偽造していたことが発覚し、宗家は改易の危機に立たされた。しかし、三代将軍家光が義成を朝鮮との交渉役にすることとしたため改易を免れた。

■ **家系図**

旗印
赤地に白の二引両、白の招き
「諸将旌旗図屏風」（文献48掲載）
静岡市芹沢美術館蔵

たかやま　うこん

高山右近（重友）

天文21～元和元年（1552～1615）

「七曜」

旗印
赤白段々に白の招き
「賤ヶ岳合戦図屏風」（文献49掲載）
大阪城天守閣蔵

■家紋と旗紋
高山家の家紋は「七曜」という説があるが根拠不明。「賤ヶ岳合戦図屏風」（文献49掲載）大阪城天守閣蔵の左隻には、「高山右近士卒」の貼札の右に柴田勢の佐久間盛政が羽柴軍の前衛基地である大岩山砦に奇襲を仕掛け、追い立てられる右近隊の赤白段々の旗が描かれている。その一方で左端の岩崎山砦には悠然と翻る数多くの赤白段々の旗が描かれている。

また、「山崎合戦図屏風」大阪城天守閣蔵　左隻には、白地の馬印と思われる四半の旗が描かれている。

■経歴
安土桃山から江戸初期の切支丹大名、父友照と共に幼くして受洗。元亀4年（1573）高槻城主。信長ののち秀吉に仕え、山崎の合戦、賤が岳、小牧の戦い、九州征伐等を転戦し、播磨明石城に移封された。しかし、キリスト教が禁教となっても改宗しなかったため改易され、のちルソンへ放逐された。

家系図
友照 ─── 右近 ─┬─ 長房
　　　　　　　　└─ 亮之進

武田信玄
たけだ　しんげん

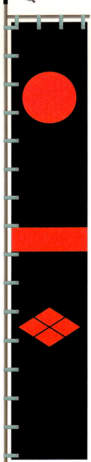

御旗（推定）
日の丸に赤の一引に武田菱（推定）
『甲越信戦録』、「川中島合戦図屏風」（文献49掲載）にしむら博物館蔵

馬印
赤地に黒の唐花菱三つ
「集古十種」雲峰寺蔵

使番指物
むかで衆の旗（推定）
『甲陽軍鑑』
『NHK 大河ドラマ　風林火山』

孫子の大旗
紺地に金箔押しの文字
雲峰寺蔵、『甲越信戦録』

旗印
赤地に八幡大菩薩
『甲陽軍鑑』

大永元〜天正元年（1521 〜 1573）

「武田菱」

「割菱」

「花菱」

■ 家紋と旗紋
武田家の代表紋は「菱」。「武田菱」といわれる。この形が「割菱」、「花菱」などに変化した。「日の丸に赤の一引、武田菱」は御旗あるいは武田家重代の旗と推定される。また、『甲陽軍鑑』には「赤地に八幡大菩薩の旗、赤地に将軍（勝軍）地蔵大菩薩の旗、御旗（菱紋）、其疾如風……、以上六本あり」とあり、有名な風林火山の旗は、信玄に命じられて軍師山本勘助がこの文を選び快川和尚が書いたといわれる（『旗指物』高橋賢一）。また、使番指物「むかで衆」の旗（『甲陽軍鑑』）は、NHK 大河ドラマ「風林火山」に出ていたのぼりむかでを筆者が模写したものである。

■ 経歴
甲斐の守護、名は晴信、信玄は法名。父信虎を追い出して国内を統一し、隣国の上杉謙信と五度にわたり川中島で戦った。のち京都進出を企て、家康を破ったが病死。領国経営では「甲州法度」を制定し、治山・治水にも努めた。

旗印
赤地に勝軍地蔵大菩薩
『甲陽軍鑑』、『甲越信戦録』

諏訪明神旗
緋絹に金箔文字の一行旗
雲峰寺蔵、『甲越信戦録』

諏訪明神旗
（梵字入り）朱染、文字金箔、文字黒の旗
雲峰寺蔵

孫子の四方旗
（黒地に金箔押しの文字
『甲陽軍鑑』）

家系図

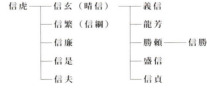

武田勝頼

たけだ かつより

天文15～天正10年（1546～1582）

旗印
総白に白の招き
「長篠合戦図屏風」
（文献49掲載）
成瀬家蔵

「花菱」

■家紋と旗紋
家紋は「花菱」を受け継いだ。勝頼の馬印は、白地に黒字の「大」と黒地に白字の「大」の一対。大の字には広大・盛大の意義があり紋にすることが多くあった。父信玄は自ら数多くの旗を作ったが、勝頼にこれらの旗を引き継がせる気はなかったといわれる。『甲陽軍鑑』には「武田の御旗はついに持たせ給わず、いわんや信玄公尊崇の御旗も譲らせ給わず、元伊那におわします時の大文字の旗なり」とある（『武家の家紋と旗印』高橋賢一の引用より）。

■経歴
安土桃山時代の武将、武田信玄の四男、甲斐武田家20代当主。永禄5年（1562）高遠城主。信玄の死後その領国を継いだ。織田信長、徳川家康と対立し、長篠の合戦で破れ、天目山で一族と共に自害した。

家系図

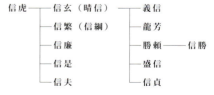

馬印
白地に黒き大文字
「長篠合戦図屏風」（文献49掲載）
成瀬家蔵

たけだ　のぶかど

武田信廉

天文元～天正10年（1532～1582）

「武田菱」

■家紋と旗紋
家紋は「武田菱」。「長篠合戦図屏風」（文献49掲載）成瀬家蔵の中央やや右下の貼り札に「逍遥軒」とあるのが武田信綱（信廉）を示しており、信廉と思われる騎馬武者の下に白地に武田菱の旗が倒れている姿が描かれている。

■経歴
武田信虎の四男、信玄の弟、武田24将の一人。絵画に優れ、父信虎画像他を残している。元亀元年（1570）信濃国高遠城主、天正元年（1573）落髪、信綱と改名。同10年信長の武田征伐で殺された。

家系図

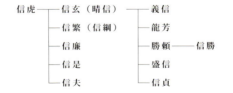

旗印
白地に黒の武田菱に招き
「長篠合戦図屏風」
（文献49掲載）成瀬家蔵

武田信繁

たけだ のぶしげ

大永5～永禄4年（1525～1561）

「武田菱」

旗印
黒地に白餅、黒の招き
「川中島合戦図屏風」
（文献49掲載）にし
むら博物館蔵

■ **家紋と旗紋**
家紋は「武田菱」。「長篠合戦図屏風」（文献49掲載）にしむら博物館蔵の左隻中央上部、松林の下には武田信繁隊苦戦の場面が描かれている。すでに朱色の上杉の旗に囲まれた信繁の黒地白餅の旗は倒れ、信繁と思われる騎馬武者が天を睨み、戦いが終わりに近いことを物語っている。この武者の草摺りに金蒔絵の武田菱が描かれているところから、この人物は信繁であると推定される（『戦国合戦絵屏風集成』中央公論社）。

■ **経歴**
武田信虎の二男、信玄の弟。武田の副将として信繁は兄信玄を支え、永禄元年（1558）「信繁家訓百箇」を定め家臣団の信玄に対する忠誠を固めている。永禄4年（1561）の川中島の戦いで戦死した。

家系図

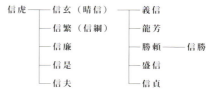

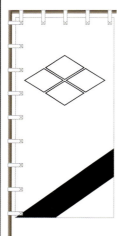

番指物
白地に武田菱と裾に黒の斜め引き
「川中島合戦図屏風」
（文献49掲載）
にしむら博物館蔵

立花宗茂

たちばな　むねしげ

永禄10〜寛永19年（1567〜1642）

「七宝に花菱」

「柳川守」

「立花杏葉」

■家紋と旗紋

立花家の家紋は「七宝に花菱」に「祇園守（柳川守）」、そして「立花杏葉」。白地裾黒に杏葉の旗印は「諸将旗図屏風」（文献48）に掲載されている旗に基づいて描かれているが、その杏葉は『大坂両陣関東諸将軍器詳図』にある形と同じく「茗荷」紋にそっくりである。もともとこの2紋はよく混同された。もう一つは宗茂が朝鮮の陣で掲げた旗で、上に金銀の日月を表し、中央に三社神号、下に「杏葉」、「祇園守」と「鳥居」をつけた。もともと日月紋は皇室の紋章として錦の旗につけられたもので、臣下が用いるものではなかった（『日本紋章学』沼田頼輔）。

■経歴

高橋紹運の子、戸次鑑連（道雪）の婿養子となりのち立花に改めた。秀吉に仕え、天正15年（1587）立花城攻防戦で島津氏を降伏させた。関ヶ原の戦いでは、豊臣方につき破れて浪人したが、加藤清正の好意を受けて家康に仕え大坂冬・夏の陣出陣し、秀忠に拾われて30年の苦難の流浪を終え旧領柳川城に戻った。

家系図

鑑俊（鑑載）—親善—鑑連（道雪）—宗茂—忠茂

旗印
白地裾黒に杏葉、白の招き
「諸将旗図屏風」（文献48掲載）静岡市芹沢美術館蔵

旗印
金日・銀月、神号に鳥居（推定）
『日本紋章学』沼田頼輔（文献54）

伊達政宗
<small>だて まさむね</small>

大馬印
黒の大四半に鳥毛の出し
「諸将旌旗図屏風」（文献 48 掲載）
静岡市芹沢美術館蔵

本陣旗
白地に竹に雀、白の招き
「大坂夏の陣図屏風」
黒田屏風（文献 49 掲載）
大阪城天守閣蔵

旗印
勝色金日の丸旗
仙台市博物館蔵（文献 41 掲載）

永禄 10 〜 寛永 13 年（1567 〜 1636）

「仙台笹」

「丸の内に縦三つ引き」

「仙台牡丹」

■ 家紋と旗紋

伊達家の家紋は「仙台笹」、「三つ引（丸の内に縦三つ引）」に秀吉から賜った「菊」、「桐」、摂関近衛家から賜った「牡丹（仙台牡丹）」および「九曜」、「雪薄」とその数は多い。政宗は「竹に雀」を旗印に掲げたが、仙台笹はもともと越後上杉から来た紋。また、文禄の役のときには「紺地金の丸」の旗 30 本を連ねて京の町を行進し、人々の目を見張らせた（『常山紀談』）という（『武家の家紋と旗印』高橋賢一）。黒の四半の旗は大坂の陣で掲げたもの、そして日の丸の旗は支倉常長をローマに送り出した船にも翻っていたといわれる。政宗には日本国から使節を送るという気概があったのだろう。

■ 経歴

伊達輝宗の長男。仙台藩祖。天正 12 年（1584）秀吉傘下の蘆名義弘等を破り会津他の地域を掌握して奥州に広大な勢力を築いた。天正 18 年小田原の陣に参戦、秀吉の死後関ヶ原の戦いに徳川方として参陣し、功により 2 万石追加されて 62 万石となった。仙台城と城下を建設し、幕府の支持の下南蛮貿易を企図して支倉常長をメキシコ、スペイン、ローマに派遣したが目的を達しなかった。幼時に右目を失明、長じては独眼流と畏敬された。

■ 家系図

晴宗 ── 輝宗 ── 政宗 ┬ 秀宗
                    └ 忠宗

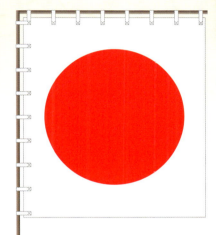

番指物
白地に朱の丸の四半
『大坂両陣関東諸将軍器詳図』
（文献 24 掲載）

伊達秀宗

だて ひでむね

天正 19 〜 万治元年 （1591 〜 1658）

「宇和島笹」　「九曜」　「伊達鴛鴦」

■家紋と旗紋
宇和島伊達家の家紋は仙台藩と同じ「竹に雀」、「丸の内に縦三つ引」、「九曜」。「竹に雀」はやや細かな模様の「宇和島笹」、牡丹の形も変形している。替紋は「伊達鴛鴦」。白六段黒五段の旗のいわれは不明。

■経歴
江戸初期の大名、政宗長男（庶長子）。慶長元年（1596）秀吉の下で元服し、秀吉から一字を与えられて秀宗と名乗る。慶長 19 年（1614）大坂冬の陣に参戦し、その功として伊予宇和島藩 10 万石初代藩主となった。

家系図
晴宗 ── 輝宗 ── 政宗 ─┬─ 秀宗
　　　　　　　　　　　　└─ 忠宗

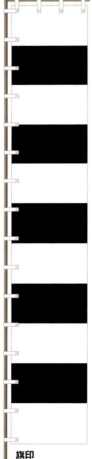

旗印
白黒段々
『大坂両陣関東諸将軍器詳図』
（文献 24 掲載）

田中吉政

たなか　よしまさ

天文17～慶長14年（1548～1609）

「釘抜」

「三つ巴」

■家紋と旗紋
吉政は「釘抜」と「三つ巴」を家紋に使ったといわれる。「関ヶ原合戦図屏風」（文献49掲載）彦根・井伊家蔵の六曲一隻の第二扇中央には、友軍酒井家次の「白地日の丸三つ」の旗と黒田長政の「藤巴」の旗に挟まれた場所に「田中吉政」の貼り札があり、そこに「三つ巴」の旗が翻っている。そこから左上やや離れたところに石田三成の本陣が見える。屏風に描かれている「三つ巴」の形は巴がやや離れた形になっている。旗の地色は「黄土色」と推定した。

■経歴
江戸時代初期の切支丹大名。豊臣秀次に仕え、天正16（1588）近江国で3万石、翌年三河国で5万7千石余。関ヶ原の戦いでは徳川方に属し、佐和山城攻略に参加、石田三成を捕らえ、その功により戦後筑後柳川城32万石城主。のちキリスト教に帰依し、教徒を保護した。

家系図

旗印
黄土地に白の三つ巴紋三段（推定）
「関ヶ原合戦図屏風」（文献49掲載）
彦根・井伊家蔵

ちょうそかべ　もりちか

長宗我部盛親

天正3～元和元年（1575～1615）

「七つ片喰」

■家紋と旗紋
長宗我部家の家紋は「七つ片喰」。家紋としての「かたばみ」ははじめ一個であったが、やがて七つに変わったという。『難波戦記』に「長宗我部宮内少輔盛親は五月七日（元和元年）……地黄に黒餅の旗を巻かせ、三つ提灯の馬印を収めて、八幡を指して落ち行きけりとある」（『旗指物』高橋賢一の引用より）。旗はここからの推定図である。

■経歴
元親の四男。長兄信親の戦死により家督を相続、浦戸22万石城主。秀吉に従い小田原の役、文禄・慶長の役に出陣、関ヶ原の戦いでは石田三成に誘われ西軍に陣を構えた。しかし、豊臣方の敗色を見て戦わずして帰国し家康に詫びたが領国を没収された。慶長20年（1615）大坂夏の陣で豊臣方に味方し、捕らえられて斬られた。

家系図

兼序──国親──元親─┬信親
　　　　　　　　　├親和
　　　　　　　　　├親忠
　　　　　　　　　└盛親

旗印
地黄に黒餅三つ、赤毛の出し　（推定）
『難波戦記』

津軽信牧

つがる　のぶひら

天正14～寛永8年（1586～1631）

旗印
白地に赤の卍二つ
「諸将旌旗図屏風」
（文献48掲載）
静岡市芹沢美術館蔵

「津軽牡丹」

「卍」

「津軽輪宝」

番指物
赤地に白抜卍の四方
出典同上

■ **家紋と旗紋**
津軽家の家紋は「津軽牡丹」、「卍」、そして密教的な「輪宝（津軽輪宝）」。卍（左万字）はバビロンやアッシリアなどで太陽の表象として用いられ、インドでは仏教に転用されて吉祥の印。輪宝は一切の障害を打ち破り、同時に心の中の敵を打破するものといわれる。為信もその子信牧も修験者のように卍を旗紋に使った。信枚とも書く。

■ **経歴**
津軽為信三男。慶長12年（1607）父の死により津軽4万7千石を継ぎ、同15年高岡城を築いた。慶長16年（1611）家康の養女満天姫を妻として地位を固め、のち高岡を弘前にあらため藩政振興に尽くした。10歳のころ父に勧められ京都で洗礼を受けている。

家系図

盛信 ─── 政信 ─┬─ 為則 ─── 為信 ─┬─ 信建
　　　　　　　　│　　　　　　　　　├─ 信堅
　　　　　　　　├─ 守信 ─── 為信　├─ 信牧 ─┬─ 信義
　　　　　　　　└─ 信勝　　　　　　　　　　　└─ 信英

馬印
白地に金の丸の大四半、下に暖簾
出典同上

つつい　じゅんけい

筒井順慶

天文18～天正12年（1549～1584）

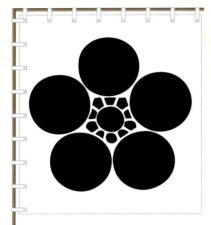

「梅鉢」

「雪輪に薺」

■ **家紋と旗紋**
家紋は「梅鉢」に「雪輪に薺（なずな）」。順慶の領国大和は天満社信仰の仰盛んな地で、神紋の「梅鉢」が筒井家にも使われた。山崎合戦のとき、洞ヶ峠の順慶の陣所には「諸手梅鉢の四半」の旗があったとされるが、「梅鉢」の名称・意匠には様々な説があるのでここでは『紋典』藤枝多三郎を参照した。

■ **経歴**
室町・安土桃山時代の武将、大和郡山城主。順昭二男。天正4年（1576）光秀に助けられて織田信長から大和を与えられ、同8年郡山に城を構え大和一国を支配した。同16年山崎の戦いでは光秀に背いて洞ヶ峠から兵を進めず、のち日和見主義の代名詞と言われながらも、秀吉に従い領国を安堵された。しかし、36歳で病死。順慶は謡曲、茶の湯にも秀でていた。

家系図

順興━━順昭━┳順吉
　　　　　　┗順慶━━定次━━順定

大馬印（推定）
梅鉢の大四半
『太閤記』

旗印
白地に春日大明神の旗
「山崎合戦図屏風」（文献6掲載）
大阪城天守閣蔵

てらざわ　ひろたか

寺沢広高

永禄6〜寛永10年（1563〜1633）

「石持」

■ **家紋と旗紋**
家紋は「石持」、黒餅を石持と読ませる（「石持」については黒田孝高参照）。「寺沢黒餅」の旗印は広高の関ヶ原勝利の栄光を示すものであった。

■ **経歴**
江戸初期の大名。秀吉に仕え、文禄元年（1592）朝鮮出兵のおり肥後名護屋城を普請。のち秀吉側近となって長崎奉行となり、貿易統制をすすめた。秀吉没後、家康に接近、関ヶ原の戦いでは徳川方に属し、戦後天草を加えた12万石を与えられ、唐津城を築城した。

家系図

広政 ── 広高 ─┬─ 忠晴
　　　　　　　└─ 堅高

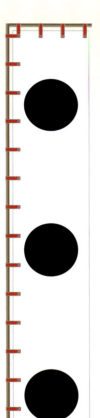

旗印
白地黒餅三つ
「諸将旌旗図屏風」（文献48掲載）
静岡市芹沢美術館蔵

土井利勝
どい　としかつ

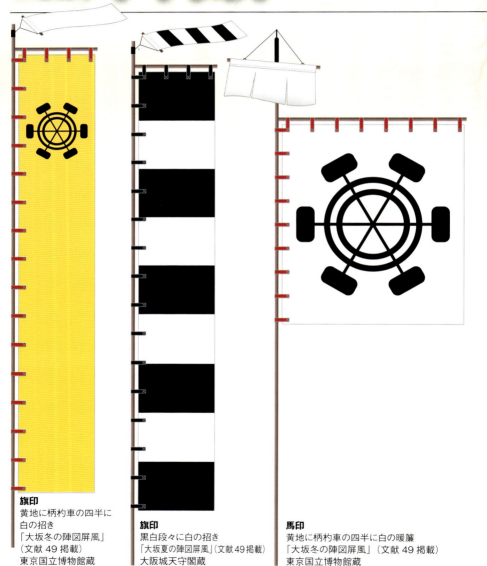

旗印
黄地に柄杓車の四半に
白の招き
「大坂冬の陣図屏風」
（文献 49 掲載）
東京国立博物館蔵

旗印
黒白段々に白の招き
「大坂夏の陣図屏風」（文献49掲載）
大阪城天守閣蔵

馬印
黄地に柄杓車の四半に白の暖簾
「大坂冬の陣図屏風」（文献 49 掲載）
東京国立博物館蔵

天正元〜正保元年（1573〜1644）

「六つ水車」

「沢潟」

■ 家紋と旗紋
土井家の家紋は「水車」に「沢潟」。「水車」は「柄杓車」、「槌車」ともいわれた。土井家は「六つ水車」、分家は「八つ水車」を使った。「大坂夏の陣図屏風」（文献49掲載）大阪城天守閣蔵には簡略化された柄杓車の旗と黒白段々の幟を押し立てた土井利勝軍が描かれている。

■ 経歴
江戸時代初期の幕臣。慶長5年（1600）関ヶ原の戦いには秀忠と共に東山道を西上。同15年佐倉へ移封、老中3万2千4百石。寛永10年（1633）古河へ移され16万石、同15年大老。家康が将軍職を秀忠に譲るとき「天下と利勝を譲る」と言ったという。

■ 家系図

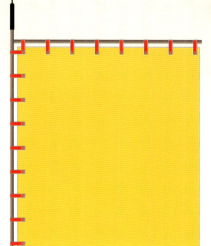

大馬印
黄地紋なしの大四半に白毛の出し
「諸将旌旗図屏風」（文献48掲載）静岡市芹沢美術館蔵

とうどう　たかとら

藤堂高虎

旗印
紺地白餅三つ
「諸将旌旗図屏風」
（文献 48 掲載）
静岡市芹沢美術館蔵

旗印
白地朱の丸三つ
「関ヶ原合戦図屏風」
（文献 49 掲載）
彦根・木俣家蔵

旗印
赤地黒餅三つ　（推定）
「関ヶ原合戦図屏風」
（文献 49 掲載）
津軽屏風　個人蔵

旗印
黒地白餅三つ
「大坂冬の陣図屏風」
（文献 49 掲載）
東京国立博物館蔵

弘治2〜寛永7年（1556〜1630）

「藤堂蔦」

「丸に片喰」

■家紋と旗紋
家紋は「蔦（藤堂蔦）」に「丸に片喰」。「白地朱の丸三つ」の旗は「関ヶ原合戦図屏風」（文献49掲載）彦根・木俣家蔵に藤堂高虎の貼り札とともに描かれており、同津軽屏風に描かれている「赤地に黒餅三つ」の旗は画中の「赤坂に集結した東軍の諸将」の中の高虎軍のものと推定される。

■経歴
安土桃山時代から江戸時代初期の武将・大名。近江国藤堂村の土豪出身。浅井氏の下で姉川合戦を戦い、秀吉の配下につき宇和島城主7万石を領した。関ヶ原の戦いでは徳川方に属し、戦後伊予今治城20万石城主。大坂の陣に功あり、津城で最高32万石。

家系図

旗印
黒地白抜きの蔦に白の二引の大四半、三本撓（たわみ）
「関ヶ原合戦図屏風」（文献19掲載）
岐阜市歴史博物館蔵

徳川家康
とくがわ いえやす

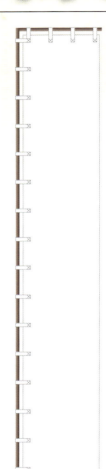

本陣旗
総白の旗
「諸将旌旗図屏風」
（文献48掲載）
静岡市芹沢美術館蔵

使番指物
白地に金の五の字の四半（推定）
『難波戦記』

浄土文御旗
白地に厭欣の旗
『大坂両陣関東諸将軍器詳図』（文献24掲載）

御紋の御旗
白地に三つ葵三つに白の招き
『大坂両陣関東諸将軍器詳図』（文献24掲載）

天文 11 ～　元和 2 年（1542 ～ 1616）

「三葉葵」

「大中黒」

■ 家紋と旗紋
徳川将軍家の家紋は「三葉葵」に「大中黒」。徳川家のいわゆる「葵の御紋」は幕藩体制初期のころ「三葉葵」が使われ、やがて「徳川葵」、尾州、紀州、水戸、他の「三つ葵」に変化した。また、徳川将軍家は先祖を新田氏としたことから大中黒を用いた。家康から頼房までの旗の原図はすべて「三葉葵」で描かれているとみなされるため、以下の旗紋もこれに準じた。家康の旗は『難波戦記』に「総白の旗七本押したて……、白布に厭離穢土、欣求浄土という経文……、御使番衆（使番）は四半に金をもって五の字を書きたりける指物」とある（『武家の家紋と旗印』高橋賢一の引用より）。

■ 経歴
江戸幕府創始者、初代将軍。父は三河岡崎城主松平弘忠。6 歳の時今川義元の人質となった。天禄 3 年（1560）桶狭間の戦い後、織田信長と同盟、武田氏を滅ぼした。本能寺の変後、三、遠、駿、甲、信の 5 ヵ国を領した。秀吉の死後、関ヶ原の戦いで豊臣方を破り、慶長 8 年（1615）大坂冬、夏の陣に勝ち天下統一に成功した。

家系図
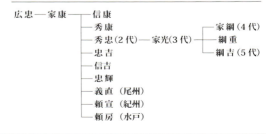

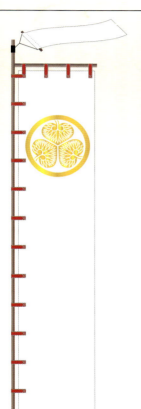

御紋の御旗
白地に金の三つ葵に白の招き
「長篠合戦図屏風」（文献 49 掲載）
成瀬家蔵

とくがわ　ひでただ

天正 7〜寛永 9 年（1579 〜 1632）

徳川秀忠

旗印
総白に白の招き
「諸将旌旗図屏風」
（文献 48 掲載）
静岡市芹沢美術館蔵

「三葉葵」

「大中黒」

■ **家紋と旗紋**
秀忠の家紋は家康の「三葉葵」紋と同じ。秀忠の総白の旗は家康から譲られた旗という。

■ **経歴**
江戸幕府二代将軍、家康三男。関ヶ原の戦いで真田昌幸、幸村に阻止され合戦に間に合わず家康の不興を買った。慶長 10 年（1605）征夷大将軍となり、幕府の基礎を築いた。

家系図

広忠─家康─┬─信康
　　　　　├─秀康
　　　　　├─秀忠(2代)─家光(3代)─┬─家綱(4代)
　　　　　│　　　　　　　　　　　├─綱重
　　　　　├─忠吉　　　　　　　　└─綱吉(5代)
　　　　　├─信吉
　　　　　├─忠輝
　　　　　├─義直（尾州）
　　　　　├─頼宣（紀州）
　　　　　└─頼房（水戸）

使番指物
紺地白抜きの五の字の四半
出典同左

とくがわ　よしなお

徳川義直

慶長5〜慶安3年（1600〜1650）

旗印
頭黒に白の葵、黒の招き
「諸将旌旗図屏風」
（文献48掲載）
静岡市芹沢美術館蔵

「尾州三つ葵」

■ 家紋と旗紋
義直の家紋は「尾州三つ葵」。旗は慶長19年（1614）家康が大坂の陣開戦に当たって義直15歳の初陣を祝い「頭黒に白き御紋、黒き麾（まねき）に白の御紋付き、五本なり。大纏（大馬印）は朱の大四半の大幅掛けに白き葵の丸なり（『大坂軍記』）」（『旗指物』高橋賢一の引用より）を与えた。徳川御三家がそれぞれ葵の紋の形を整えていくのはやや後代のこと。家康から頼房までの旗紋の原図が「三つ葉葵」を基にして描かれたと思われるため、家紋と旗紋の形は異なっている。

■ 経歴
江戸時代前期の大名、尾張藩初代藩主、家康の9男。慶長12年（1607）尾張藩主61万石余。学問に優れ『神祇法典』、『類聚日本紀』などを著した。

家系図

```
広忠―家康―┬―信康
           ├―秀康
           ├―秀忠（2代）―家光（3代）―┬―家綱（4代）
           ├―忠吉                      ├―綱重
           ├―信吉                      └―綱吉（5代）
           ├―忠輝
           ├―義直（尾州）
           ├―頼宣（紀州）
           └―頼房（水戸）
```

大馬印
朱の大四半に白の葵の丸
出典同左

とくがわ　よりのぶ

徳川頼宣

慶長7〜寛文11年（1602〜1671）

「紀州三つ葵」

「紀州六つ葵」

■ 家紋と旗紋
紀州徳川家頼宣の家紋は「紀州三つ葵」に「紀州六つ葵」。頼宣が13歳で大坂の陣に参戦したとき、兄義直とともに葵紋の陣旗などを下賜されたといわれている。

■ 経歴
紀伊徳川家の祖、家康の十男。慶長8年（1603）二歳で常陸水戸20万石。同14年駿河・遠江50万石。大坂夏の陣に参戦し、元和5年（1619）紀伊藩55万5千石和歌山城主となった。

家系図

広忠―家康―┬信康
　　　　　├秀康
　　　　　├秀忠（2代）―家光（3代）―┬家綱（4代）
　　　　　├忠吉　　　　　　　　　　├綱重
　　　　　├信吉　　　　　　　　　　└綱吉（5代）
　　　　　├忠輝
　　　　　├義直（尾州）
　　　　　├頼宣（紀州）
　　　　　└頼房（水戸）

旗印
白地に黒の葵の丸に招き
出典同左

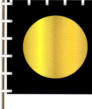

番指物
黒地四半に金の丸
出典同左

大馬印
黒地大四半に三つ葉葵
「諸将旌旗図屏風」（文献48掲載）
静岡市芹沢美術館蔵

とくがわ　よりふさ

徳川頼房

慶長8〜寛文元年（1603〜1661）

旗印
黒白段々に金の枡
「諸将旌旗図屏風」
（文献48掲載）
静岡市芹沢美術館蔵

「水戸三つ葵」

「水戸六つ葵」

■ **家紋と旗紋**
水戸徳川家頼房の家紋は「水戸三つ葵」に「水戸六つ葵」。　旗紋は「枡」（『旗指物』高橋賢一）。枡紋は一般に枡の中に対角線を入れてあるものが多いが、家紋としての「枡」は古くからあり、四角（正方形）や四角に丸を組み合わせた「枡に月紋」などがあった。

■ **経歴**
江戸初期水戸25万石藩主、家康十一男、水戸徳川家祖。元和8年（1622）多賀郡松岡領3万石の加増を受けて28万石。水戸黄門（光圀）は頼房の三男。

家系図

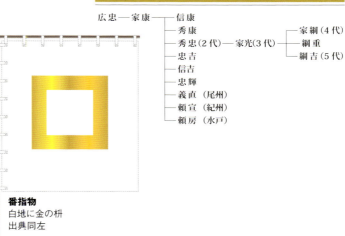

番指物
白地に金の枡
出典同左

とがわ　みちやす

戸川逵安

元禄10～寛永4年（1567～1628）

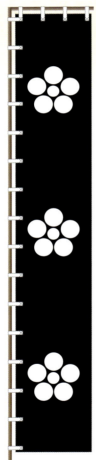

「梅鉢」

「三本杉」

「九七桐」

■ **家紋と旗紋**
戸川家の家紋は「梅鉢」、「三本杉」、「九七桐」など。「梅鉢」の形には諸説があるが、紋の中心の円が花弁の円より小さいのが特徴といわれる（『日本の家紋』荻野三七彦）。逵安の「九七桐」の形は不明。「桐」には中軸の花と左右の花が五三、五四、五七、九七、七五三（中軸花梗は七花で左右花梗は五花と三花）、十三七がある。参考までに、『日本紋章学』沼田頼輔より「因幡御徳山三仏寺地蔵堂扉金具」の「九七桐」を載せる。

■ **経歴**
宇喜田秀家の臣。朝鮮の役で秀家に従軍し、慶長4年（1599）切支丹取扱い問題で宇喜田家中に対立が生じ追放された。関ヶ原の戦いでは徳川方に応じ、功により備中国庭瀬城2万9千2百石。大坂の陣にも参戦した。

家系図

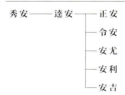

旗印
黒地に白抜きの梅鉢三段
「関ヶ原合戦図屏風」（文献49掲載）
彦根・井伊家蔵

とざわ　まさもり

戸沢政盛

天正13～慶安元年（1585～1648）

「石持地抜九曜」

鶴の丸

「角餅に戸の字」

■家紋と旗紋
家紋は「石持地抜九曜」「鶴の丸」「角餅に戸の字」。旗紋との関係は不明。

■経歴
安土桃山時代から江戸時代初期の武将・大名。盛安の長男。八歳で叔父光盛の家督を相続。関ヶ原の戦いでは徳川方に属し、上杉景勝の坂田城を攻略。大坂冬の陣で小田原城、夏の陣では江戸城を守衛し、元和8年（1622）出羽新庄藩6万石藩主。

家系図

盛重 ─┬─ 盛安 ─── 政盛 ─┬─ 定盛
　　　└─ 光盛　　　　　　└─ 正誠

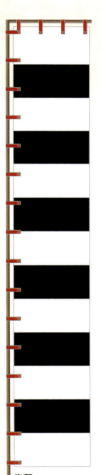

旗印
白黒段々（白七、黒六段）
「諸将旌旗図屏風」
（文献48掲載）
静岡市芹沢美術館蔵

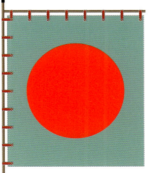

番指物
浅葱地に朱の丸の大四半、白毛の出し
出典同左

とよとみ　ひでよし

豊臣秀吉

天文5〜慶長3年（1536〜1598）

本陣旗
総金の切裂に白の招き
「賤ヶ岳合戦図屏風」（文献49掲載）
大阪城天守閣蔵　個人蔵

本陣旗
総金に金の招き
「諸将旌旗図屏風」
（文献48掲載）
静岡市芹沢美術館蔵

番指物
総金の四半
出典同上

「五三の桐」　「五七の桐」　「太閤桐」

■家紋と旗紋
家紋は「五三の桐」、「五七の桐」、「太閤桐」、「十六菊」など。特に桃山時代の美術作品にまで応用が広がったいわゆる「太閤桐」の種類は多い。一方、旗といえば秀吉は大変な黄金色好みであった。戦陣に連ねた旗はすべて金であり、その美観は絶景であったという。また、文禄元年（1592）朝鮮出征のため九州に向かう秀吉の軍には「太閤桐」の旗66本がさんとすえられていた（『豊太閤征外新史』）という（『旗指物』高橋賢一の引用より）。残念ながらこの旗の地色や紋の色は定かでない。

■経歴
尾張中村出身、足軽木下弥右衛門の子。織田信長に仕えて戦功をあげ、羽柴氏を名乗った。本能寺の変後、明智光秀を破り柴田勝家を滅ぼして信長の後継者となり、大阪城を築城、四国、九州、小田原を平定して全国統一を果たした。明侵略のため、朝鮮に出兵したが破れ、慶長3年（1598）死去。全国に検地を進め、刀狩により兵農分離を図り、桃山文化を築きあげた。

家系図
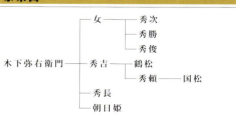

とよとみ　ひでなが

豊臣秀長

天文9～天正19年（1540～1591）

「五七の桐」

「十六菊」

■ **家紋と旗紋**
家紋は「五七の桐」に「十六菊」。「賤ヶ岳合戦図屏風」（文献49掲載）大阪城天守閣蔵・左隻中央上部の秀長の貼り紙の下に総赤の旗が描かれている。

■ **経歴**
秀吉の異父兄弟。兄秀吉の片腕として活躍し、天正8年(1580)但馬国出石城主。山崎の戦いで功をあげ、播磨・但馬の領主として姫路城に居住。九州・四国平定に大功あり大和郡山城主、大納言となった。同19年秀長死去により名補佐役を失った秀吉は、朝鮮への出兵など無謀な行動に走りはじめた。

■ **家系図**

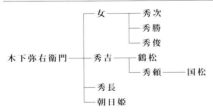

本陣旗
総赤に白熊の出し
「賤ヶ岳合戦図屏風」（文献49掲載）
大阪城天守閣蔵

豊臣秀次

とよとみ ひでつぐ

永禄11〜文禄4年（1568〜1595）

「五七の桐」

本陣旗
総赤に沢潟、赤の招き
「諸将旌旗図屏風」（文献48掲載）
静岡市芹沢美術館蔵

■ 家紋と旗紋
家紋は「五七の桐」。秀次の旗は「諸将旌旗図屏風」（文献48掲載）にあり、旗紋には「沢潟」が描かれている。「沢潟」紋には花があるものとないものがあり、前者を単に「沢潟」、後者を「花沢潟」という。秀次は前者を旗紋とした。

■ 経歴
豊臣秀吉の甥。天正13年（1540）紀伊、四国平定で戦功をあげ近江43万石を与えられた。天正19年（1546）秀吉の養子となり関白となったが、秀吉に二男お拾い（秀頼）が生まれると秀次は自刃を命じられ切腹。秀次の妻妾は三条河原で斬殺された。

家系図

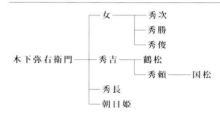

とよとみ　ひでより

文禄2～元和元年（1593～1615）

豊臣秀頼

「五七の桐」

■家紋と旗紋
秀頼の家紋は「五七の桐」。旗は、「大坂夏の陣図屏風」（文献49掲載）黒田屏風の右隻第3・4扇中央に金の団扇をつけた茜の吹貫とともに秀頼の長大な金の切裂旗10本が翻っている。そばには金の瓢箪に朱の暖簾のついた豊臣家の馬印があることから、この軍陣は秀頼の本陣を示している。『大坂軍記』、『大坂陣覚書』にもこの軍陣の様子が同じように書き残されている（『旗指物』高橋賢一の引用より）。

■経歴
幼名　拾・拾丸、母は側室淀殿。養子の関白秀次の死により、豊臣氏世嗣となった。慶長3年（1598）秀吉が死去、関ヶ原の戦い以後は大坂城64万石城主の一大名になり下がった。のち家康の孫千姫と結婚したが、秀頼は大坂冬・夏の陣で母淀殿と共に自害し、豊臣氏は滅びた。

本陣旗
総金の切裂
「大坂夏の陣図屏風」黒田屏風
（文献49掲載）大阪城天守閣蔵

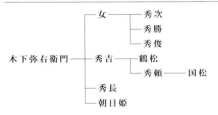

家系図：木下弥右衛門─┬─女─┬─秀次
　　　　　　　　　　│　　├─秀勝
　　　　　　　　　　│　　└─秀俊
　　　　　　　　　　├─秀吉─┬─鶴松
　　　　　　　　　　│　　　└─秀頼──国松
　　　　　　　　　　├─秀長
　　　　　　　　　　└─朝日姫

鳥居元忠

とりい　もとただ

天文8～慶長5年（1539～1600）

旗印
紺地に金の鳥居
「諸将旌旗図屏風」
（文献48掲載）
静岡市芹沢美術館蔵

「鳥居笹」

「鳥居」「鳥居鶴の丸」

■家紋と旗紋
鳥居家の家紋は格の高い竹に雀の「鳥居笹」、「鳥居」に「鳥居鶴の丸」。『続・武家閑談』には「馬印黒四半」とある（『旗指物』高橋賢一の引用より）が、「諸将旌旗図屏風」（文献48掲載）の旗は紺色なのでここに載せる旗の色はこれに従った。

■経歴
忠吉三男。家康に仕え、姉川の戦い、三方ヶ原の戦いに参戦。元亀3年（1573）父忠吉の死去に伴い家督を相続、のち長篠の戦い、小田原征伐などに参戦。長年の功で城主になる話しがあったが固辞して無位無官を選んだ。関ヶ原の戦いでは、死ぬのを承知で家康から伏見城の守りを託され、討死した。その死は嫡男忠政に報いられた。。

使番指物
白地に鳥居の四半
出典同上

家系図

忠吉 ── 元忠 ── 忠政 ── 忠恒
　　　　　　　　　　└─ 忠春
　　　　　　└─ 成次
　　　　　　└─ 忠頼

大馬印
紺地四半に金の鳥居
出典同上

内藤政長

ないとう まさなが

永禄11〜寛永11年（1568〜1634）

旗印
白地中黒に
金の団扇の出し
「諸将旌旗図屏風」
（文献48掲載）
静岡市
芹沢美術館蔵

「内藤藤」

「内藤桐」

「違い釘抜」

■家紋と旗紋
内藤家の家紋はのちに「内藤藤」といわれた藤紋。これに秀吉から下賜されたという「五七の桐」があるが、葉に変化があり後に「内藤桐」といわれた。さらに「違い釘抜」。旗には釘抜の原型とみられる「釘抜」と金の内藤団扇の出し。父家長は団扇を描いた旗印を使用していたといわれており、その団扇を変形して引き継いだものと思われる。

■経歴
徳川家譜代の家臣家長の長男、天正12年（1584）長久手の戦いで初陣、慶長5年（1600）関ヶ原の戦いの前哨戦である伏見城の戦いで、戦死した父の遺領を継いで上総国佐貫城4万5千石。元和8年（1622）7万石で陸奥国磐木平へ転封となった。

番指物
紺地四半に釘抜、金
の団扇の出し
出典同上

家系図

義清 ─┬─ 清長 ── 家長 ── 政長 ─┬─ 忠興
　　　│　　　　　　　　　　　　　└─ 政晴
　　　└─ 清政 ─┬─ 忠政
　　　　　　　　└─ 正成

大馬印
紺地大四半に釘抜、
金の団扇の出し
出典同上

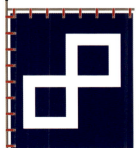

内藤正成

ないとう まさなり

享禄元～慶長7年（1528～1602）

「下り藤」

「五七の桐」

旗印
白地に下り藤、赤の招き
「小牧長久手合戦図屏風」（文献49掲載）
成瀬家蔵

■ 家紋と旗紋
正成の家紋は「下り藤」、「五七の桐」。「小牧長久手合戦図屏風」（文献49掲載）犬山・成瀬家蔵の中央上部には内藤正成の貼札の下に馬上の正成とともに「白地に下り藤丸」の旗が翻る。また、「姉川合戦図屏風」（文献14掲載）福井県立歴史博物館蔵の中央やや左には、内藤正成の貼札の上に乳がなく旗布を竿にくるむようにした紺地に妙の一字旗が見られる。「妙」は優れていること、極めてよいことを意味し、諸問題を解決する仏「妙見菩薩」の名の一字でもある。

■ 経歴
安土桃山時代から江戸初期の武将・大名。三河以来の徳川家旧臣。前ページ内藤政長の祖父、清長の弟・清政の二男と推定されるが、詳細不明。

家系図

大馬印
紺地金の妙の一字の四半
「姉川合戦図屏風」（文献14掲載）
福井県立歴史博物館

直江兼続
なおえ かねつぐ

永禄3～元和5年（1560～1619）

「亀甲に花菱」

旗印
赤地三ツ山（推定）
『甲越信戦録』

■家紋と旗紋
兼続の家紋は「亀甲に花菱」。この紋は米沢市上杉博物館にある兼続の鎧「金茶糸威最上胴具足」の胸板、草摺の裾板や位牌に桐紋と共に描かれている。一方、同博物館にある兼続の肖像画には「三つ亀甲に三つ葉」紋が描かれている。旗は『甲越信戦録』海野平の戦いの場面の「目に入るは第一番に赤地三ツ山の旗、これは直江山城守小連の備え」からの推定、旗の画像は『旗指物』高橋賢一からの推定であるが、三つ山および裾模様の色ははっきりしない。

■経歴
22歳で上杉家の重臣直江氏の跡取りとなり上杉景勝と共に佐渡征伐、朝鮮出兵に参戦。秀吉の死後兼続は家康と対立し、会津征伐を引き起こした。慶長5年（1600）関ヶ原の戦いで豊臣方が敗れたことを知り、上杉軍は長谷堂攻略を中止して撤退、翌慶長6年に兼続は景勝と共に上洛して家康に謝罪、出羽米沢30万石に減移封となった。

家系図
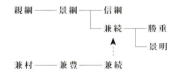

ながい なおまさ
永井尚政

天正15～寛文8年（1587～1668）

「永井松毬」

「一文字三ツ星」

「柰（からなし）」

旗印
赤地に一に三ツ星
「諸将旌旗図屏風」
（文献48 掲載）
静岡市芹沢美術館蔵

■ **家紋と旗紋**
家紋は「永井松毬」、「一文字三ツ星」に「柰（からなし）」、唐梨とも書く。別名「永井梨切口」という。「三ツ星」は「品」の字、「一」は武家でカツと読ませためでたい字。「三ツ星」は中国で「三武」といい、「将軍星」と読んだ。尚政の旗はこれらの縁起のよい印を一緒に掲げた旗であった。

■ **経歴**
江戸時代前期の大名、永井直勝の三男。慶長5年（1600）関ヶ原の戦いで徳川秀忠に従い従軍。慶長19年（1614）から大坂冬・夏の陣で軍功をあげ、上総潤井戸藩1万5千石。のち老中となり寛永3年（1626）父の遺領を継いで下総古河藩8万9千石を相続。

家系図

番指物
赤地に一に三ツ星の四半
出典同上

中川清秀

なかがわ　きよひで

天文 11 ～天正 11 年（1542 ～ 1583）

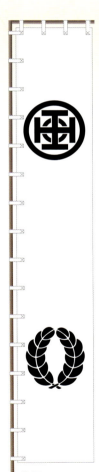

旗印
白地に黒抜きの中川久留子、柏紋
「山崎合戦図屏風」（文献 6 掲載）
大阪城天守閣蔵

「中川柏」

「中川久留子」

■ 家紋と旗紋
中川家の家紋は「中川柏」に「中川久留子（くるす）」。「中川久留子」は、切支丹であった清秀が討った同じ切支丹の和田惟政の兜にあった十字架が原型といわれる。清秀の旗にはこの二つの紋が白地に黒抜きで描かれている。

■ 経歴
摂津茨城城主。重清の子。通称瀬兵衛。幼いころから熱心な切支丹として育った。元亀 3 年（1572）摂津高槻城主和田惟政を討ち、天正 6 年（1578）織田信長に仕え荒木村重配下となり 4 万 4 百石。村重が敗死したのち秀吉に属し、同 10 年山崎の戦いで活躍したが賤ヶ岳合戦で討死した。

家系図
重清 ── 清秀 ┬── 秀政 ── 秀成 ── 久盛 ── 久清
　　　　　　└── 秀成

なかがわ　ひさもり

中川久盛

文禄3〜承応2年（1594〜1653）

旗印
総赤に白餅三つ
「諸将旌旗図屏風」（文献48掲載）
静岡市芹沢美術館蔵

「中川柏」

■ **家紋と旗紋**

久盛の家紋は「中川柏」。甲府市にある久盛の菩提寺法台山大泉寺の住職から家紋が「中川柏」であることを確認できた。熱心な切支丹であった前出、中川清秀から三代目の久盛はすでに切支丹とは無縁であった、ということか。久盛の旗印は「諸将旌旗図屏風」（文献48掲載）および『大坂両陣関東諸将軍器詳図』に「赤地白餅三つ」の画像が掲載されている。

■ **経歴**

江戸時代初期の大名、中川秀成長男。慶長17年（1612）父死去により遺領を継いで豊後国岡藩二代藩主。同19年から大坂冬・夏の陣に徳川方として出陣した。

■ **家系図**

重清 ── 清秀 ─┬─ 秀政 ── 秀成 ── 久盛 ── 久清
　　　　　　　└─ 秀成

なべしま　かつしげ

鍋島勝茂

天正8～明暦3年（1580～1657）

「鍋島杏葉」

「鍋島花杏葉」

「鍋島日足」

■家紋と旗紋
鍋島家の家紋は「杏葉」、「日足」、「四つ目」などがあった。「杏葉」はもともと馬の首につける金具が紋章に転じたもので植物ではないが、のち花のような形に変化し「鍋島杏葉」と呼ばれた。さらに「杏葉」は「茗荷」と形がそっくりであることから「鍋島茗荷」とも呼ばれた。「諸将旌旗図屏風」（文献48掲載）に描かれた旗紋は茗荷そっくりである。

■経歴
外様大名、肥前佐賀藩祖。龍造寺隆信の重臣であった鍋島直茂の長男。慶長の役に父直茂と共に参戦。慶長5年（1600）関ヶ原の戦いでは豊臣方に属し伏見城、安濃津城などを攻めたが、父直茂が勝茂を呼び返し、九州の反徳川勢力を一掃させたことで勝茂にお咎めはなかった。勝茂の愛妾お豊に化けた猫が家中を騒がす鍋島騒動で有名。

家系図
清房 ── 直茂 ── 勝茂 ┬ 元茂
　　　　　　　　　　├ 忠直
　　　　　　　　　　└ 直澄

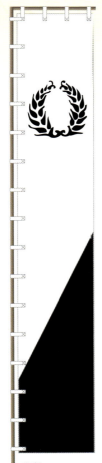

旗印
白地裾黒斜め分けに杏葉
「諸将旌旗図屏風」（文献48掲載）
静岡市芹沢美術館蔵

鍋島元茂

なべしま　もとしげ

慶長7〜承応3年（1602〜1654）

「小城杏葉」

「隅立四つ目」

■家紋と旗紋
肥前小城に立藩後、小城鍋島家の家紋は杏葉に枠（大夫角）のついた「小城杏葉」となった。ほかに「隅立四つ目」。一方、旗は釘抜と総黒の切裂。なぜ旗紋が釘抜なのかは不明。また、切裂旗の色は「銀」との説もある。

■経歴
江戸時代前期九州の大名。肥前佐賀藩主鍋島勝茂の庶長子。元和3年祖父直茂の死去に伴い、その遺領小城1万石を継ぎ、のち7万3千石を分与されて小城藩を立藩、初代藩主となった。

家系図
清房———直茂———勝茂┬元茂
　　　　　　　　　　├忠直
　　　　　　　　　　└直澄

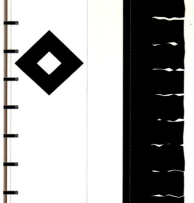

旗印
白地に釘抜一つ
「諸将旗図屏風」
（文献48掲載）
静岡市芹沢美術館蔵

番指物
黒の切裂旗
出典同上

なんぶ としなお

南部利直

天正4～寛永9年（1576～1632）

「南部鶴」

「割菱」

「九曜」

■家紋と旗紋
南部家の家紋は「南部鶴」、「割菱」、「花菱」に「九曜」。南部鶴の向かい合う雌雄の鶴の胸には「九曜」の小紋があり、平氏の出であることを示唆する。一方、旗紋は「鶴の丸」。「鶴の丸」は南部家が発展するにつれて菱にアレンジした菱鶴から変化した紋で、その後さらに「向い鶴」に落ち着き、「南部鶴」の名がついた。馬印の「出し」の名称は不明。

■経歴
南部信直の長男。父の死後、南部家代27代当主。慶長5年（1600）関ヶ原の戦いのとき上杉景時戦で家康に協力して所領を安堵され、盛岡藩10万石藩祖となった。のち鉱山開発で財政を安定させ、元和元年（1615）盛岡城を完成させた。

家系図
晴政──晴継──信直──利直─┬─重直
　　　　　　　　　　　　　└─重信

馬印
白地に南部鶴の丸に二引、出し
『大坂両陣関東諸将軍器詳図』
（文献24掲載）

丹羽長秀

にわ ながひで

天文4～天正13年（1535～1585）

「丹羽引違い」

「三つ盛木瓜」

■ 家紋と旗紋

丹羽家の家紋は「丹羽引違い」（「二本直違（すじかい）」、「引違」、「筋違」、「違棒」とも呼ばれる）に「三つ盛木瓜」。引違紋は西洋のセント・アンドリュース・クロスとそっくりであるが、もちろんキリスト教とは関係ない。「賤ヶ岳合戦図屏風」（文献49掲載）大阪城天守閣蔵の右隻五扇には日の丸の扇を持つ秀吉の下、緋緘の鎧に孔雀羽の陣羽織を着た長秀が「松川菱と笹」の旗を掲げている。また、「山崎合戦図屏風」（文献6掲載）大阪城天守閣蔵には「丹羽長秀勢三千余人」の貼札の下に白地紺の引違に花模様の旗がある。これは木瓜紋に見えるが四つ盛木瓜紋は紋形としては存在しない。このため旗名不詳とした。しかし、引違の旗があったことは事実のようだ。

■ 経歴

信長の重臣として明智光秀、秀吉らと共に活躍。元亀元年（1570）姉川に戦いで佐和山城をおさえこの城を与えられた。本能寺の変で秀吉とともに明智光秀を討ち、天正11年（1583）賤ヶ岳の合戦で柴田勝家を滅ぼし、北ノ庄123万石城主となった。

旗印
白地に松川菱と笹
「賤ヶ岳合戦図屏風」
（文献49掲載）
大阪城天守閣蔵

旗印（推定）
旗名不詳（白地に紺の引違に木瓜4つ?、二引）「山崎合戦図屏風」（文献6掲載）大阪城天守閣蔵

家系図

```
長政 ── 長忠
     ── 長秀 ── 長重 ── 光重
     ── 秀重
```

にわ　ながしげ
丹羽長重

元亀2～寛永14年（1571～1637）

「丹羽引違い」

「三つ盛木瓜」

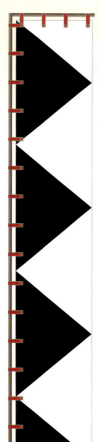

旗印
白黒斜分け段々
「諸将旌旗図屏風」
（文献48掲載）
静岡市芹沢美術館蔵

■ 家紋と旗紋
家紋は丹羽長秀と同じ「丹羽引違い」に「五三の桐」、「三盛木瓜」。長重の大馬印は赤の細い二本の材木を中央で交差し、家紋より頑丈に見える。丹羽家ではこれを「引違」ともいった。また、この大馬印の乳は『大坂両陣関東諸将軍器詳図』では白、「諸将旌旗図屏風」（文献48掲載）では赤になっている。

■ 経歴
丹羽長秀の長男。天正11年（1583）の賤ヶ岳の戦い、翌年の小牧の戦いに出陣、天正13年（1585）父の遺領を継ぎ越前・若狭に加賀半国を領した。のち軍律を犯したとして秀吉から領地を召し上げられ加賀国松任4万石だけとなった。秀吉の死後家康に仕えたが、関ヶ原の戦いで出陣しなかったため家康から所領を没収された。しかし、大坂冬の陣で功をあげ元和4年（1618）陸奥国白石城10万7百石。

家系図
長政　―　長忠
　　　├　長秀　―　長重　―　光重
　　　└　秀重

大馬印
白地赤の引違の大四半
出典同上

のの むら　ゆきなり

野々村幸成

永禄4～慶長20年（1561～1615）

「大文字」

■ **家紋と旗紋**
「白地の旗に大文字、銀のうちわに熊の皮にて覆輪とりたる馬標（団扇の縁に黒毛を付けたもの）は野々村伊予守（雅春）」（「難波戦記」文献43掲載）とあることから、家紋を「大文字」と推定・掲載した。書によっては野々村幸成の旗印は、赤白段々の旗であとするものもある。

■ **経歴**
安土桃山時代から江戸時代初期の武将で、別名は吉安、雅治、吉保、雅春、伊予守）。秀吉に仕えて黄母衣衆。小田原征伐に参陣して軍功を挙げ、秀頼の代に大坂七手組頭の一人となる。禄高3千石。元和元年大坂落城のおり自害。

■ **家系図**
野々村幸成――正成（別名：幸久・正利・通称弥三郎）
　　　　　　├幸成――幸次
　　　　　　└野々村豊前守

旗印
白地に黒の大文字

はせがわ　もりとも

長谷川守知

永禄12～寛永9年（1569～1632）

「丸に三つ引」

■家紋と旗紋
家紋は「丸に三つ引」。ここに掲示する旗印は旗竿の縦の部分が袋縫い、横の部分（横上）は乳になっていて、非常に珍しい。

■経歴
秀吉に仕え、文禄元年（1592）朝鮮の役の際、肥前国名護屋に在陣、同3年伏見城工事で名をあげ美濃国内に1万石を与えられた。慶長5年（1600）関ヶ原の戦いでは豊臣方に属し、石田三成の居城佐和山城に篭城し、徳川方と内通して三成を追い込んだ。この功により所領を安堵された。

家系図

旗印
黒白二段分け
「諸将旌旗図屏風」（文献48掲載）
静岡市芹沢美術館蔵

蜂須賀正勝

はちすか まさかつ

大永6〜天正14年（1526〜1586）

「抱き柏」

「丸に（左）卍」

■家紋と旗紋

蜂須賀家累代の紋は「抱き柏」に「丸に（左）卍」、「葵」、「五三の桐」があった。蜂須賀家の主紋は「抱き柏」であったが、至鎮のとき「卍」に代わった。旗紋は歴代卍を使用した。「山崎合戦図屏風」（文献6掲載）左隻五扇には蜂須賀正勝の紋「丸に卍」と足利義昭より賜ったという五三桐の二つのしゃれた大馬印が見える。ただし「丸に卍」紋や一引、桐紋、旗下部の地の色および旗名称は推定である。

■経歴

信長の臣。のち秀吉に仕えた。通称子六もしくは小六郎。多くの戦いで功をあげ天正9年（1581）播磨竜野城主。備中高松攻めでは黒田如水とともに開城に尽力、同12年小牧長久手の戦い、同13年四国征伐に参戦し、秀吉から阿波一国を与える沙汰があったが固辞したため、子の家政に父子両方の分として下賜された。

■家系図

正利 ── 正勝 ─┬─ 家政 ─┬─ 至鎮 ── 忠英
　　　　　　　│　　　　└─ 正慶
　　　　　　　└─ 黒田長政室

大馬印
赤地に丸に卍、一引に五三桐二つの大四半
（推定）
「山崎合戦図屏風」（文献6掲載）
大阪城天守閣蔵

蜂須賀家政

はちすか いえまさ

永禄2～寛永15年（1559～1638）

「抱き柏」

「丸に（左）卍」

■家紋と旗紋
家紋は父正勝と同じ。「長篠合戦図屏風」（文献49掲載）成瀬家蔵第五扇上部に蜂須賀家政の貼札の右に白地に卍の旗が描かれている。

■経歴
信長の臣、のち秀吉股肱の臣として活躍。天正14年（1586）父正勝と共に阿波一国を与えられ、徳島城主。関ヶ原の戦いでは豊臣方に属したが家正自身は出馬せず、大坂城の警護にとどまった。元和元年大坂夏の陣では徳川方に味方したが、直接戦闘には参加しなかった。

家系図
正利 ── 正勝 ┬ 家政 ┬ 至鎮 ── 忠英
　　　　　　└ 黒田長政室　└ 正慶

旗印
白地に卍、白の招き
「長篠合戦図屏風」（文献49掲載）
成瀬家蔵

はちすか よししげ

蜂須賀至鎮

天正14～元和6年（1586～1620）

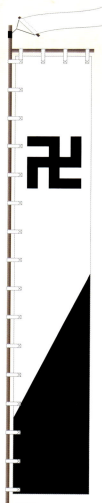

旗印
白地裾黒斜め分けに卍、白の招き
「諸将旌旗図屏風」（文献48掲載）
静岡市芹沢美術館蔵

「抱き柏」

「丸に（左）卍」

■家紋と旗紋
家紋は父家政と同じ。「長篠合戦図屏風」（文献49掲載）成瀬家蔵第五扇上部に蜂須賀家政の貼札の右に白地に卍の旗が描かれている。

■経歴
阿波国徳島藩主。8歳より秀吉に仕える。慶長5年（1600）関ヶ原の戦いでは徳川方に味方し、同年家督を相続。大坂冬の陣で大野治房と戦い、夏の陣は和泉に布陣。戦後その功により家康から淡路国を加えられ合わせて25万7千石。

■家系図

```
正利──正勝──┬─家政──┬─至鎮──忠英
              └─黒田長政室  └─正慶
```

ばば　のぶふさ

馬場信房

永世12〜天正3年（1515〜1575）

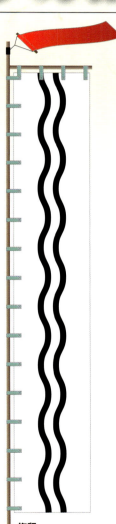

「花菱」

「武田菱」

■家紋と旗紋
家紋は「花菱」に「武田菱」。信房の旗は白に上から黒のくねくねした二本山道の引き下ろし。福島正則、秋田実季など同じ意匠を旗紋に使った武将がいたが、家紋としては成立しなかったようだ。

■経歴
信保の子。武田信玄の命により馬場姓を継ぎ侍大将になる。のち信玄の信濃攻めに参戦し、川中島の合戦では上杉軍と戦い、三方ヶ原の戦いでも活躍したが、長篠の合戦で戦死した。身分の低い出身であったが、信玄の父から子の勝頼まで三代に仕え、知将の名が高かった。

家系図

```
信保─┬─信房（信春）───昌房
     └─信頼
```

旗印
白地に黒の山道．赤の招き
「長篠合戦図屏風」（文献49掲載）
成瀬家蔵

<small>はやみ　もりひさ</small>

速水守久

?〜慶長15年（?〜1600）

「折入り菱」

■ 家紋と旗紋
旗印に描かれている「折入り菱」」紋を家紋と推定した。
■ 経歴
安土桃山時代から江戸時代初期の武将、大名。別名は勝太、時之、種元、甲斐の守など。
秀吉に仕え、近衆組頭、黄母衣衆となり、小牧長久手の戦い、小田原征伐に参戦。朝鮮派兵のおりには肥前名護屋に駐屯。関ヶ原の戦いに参陣、秀頼に仕えて1万5千石を領し、大坂七手組頭の一人となったが、元和元年（1615）大坂夏の陣で秀頼とともに自害した。

家系図

實政───時久───守久┬盛治
　　　　　　　　　　└宗久

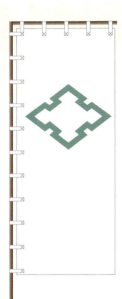

旗印
白地浅葱の折入り菱
（文献67掲載）

ひじかた　かつうじ

土方雄氏

天正11〜寛永15年（1583〜1638）

旗印
白地に左三つ巴三つ
「諸将旌旗図屏風」
（文献48掲載）
静岡市芹沢美術館蔵

番指物
総黒の旗
出典同上

「左三つ巴」　　「九曜」

■家紋と旗紋
土方家の家紋は「左三つ巴」、「九曜」、「芹」、「五三の桐」を使用した。巴の方向については115ページを参照されたい。「諸将旌旗図屏風」（文献48掲載）にある雄氏の旗の巴はやや細く変形しているように見える。巴紋の変形には「丸に左三つ巴」や「有馬巴」、「尾長巴」、「離れ右三つ巴」などがあるが、雄氏の旗の巴はこれらの巴紋、他に該当するのかどうかの確証を得られなかったので、旗紋は「左三つ巴」とした。

■経歴
秀吉に仕え、秀頼の近臣となった。秀吉没後、慶長4年（1599）父雄久が家康暗殺容疑で失脚、伊勢菰野1万2千石城主であった雄氏もその巻き添えをくった。しかし、関ヶ原の戦いで共に家康の信頼を回復し、雄氏は旧領を回復、雄久も再起することが許された。

家系図

ばん　なおゆき

塙直之

永禄10～元和元年（1567～1615）

旗印
左画像：二引両に抱き柏、藤色の裾斜め分けの旗、団右衛門朝鮮出兵時の絵
櫻井尚氏（塙団右衛門十三代目当主）提供
奥出雲　可部屋集成館蔵、櫻井家伝来の掛け軸に描かれた画像より。

旗印
※上の画像の右側2本は作成者、所有者など不明。

「抱き柏」

■ **家紋と旗紋**
塙直之の遺品等が展示されている奥出雲の財団法人　可部屋集成館蔵の掛け軸に描かれた直之の朝鮮出兵時の模様が描かれており、ここに直之のものと思われる旗が二本が描かれている。この画像は櫻井尚氏から提供されたものだが、尚氏は初代直之から13代目。なお、馬印名称にある黄母衣衆（きぼろしゅう）は、豊臣秀吉が馬廻から選抜した親衛隊。

■ **経歴**
直之の全半生は不明。別名は長次、長八、団右衛門。加藤嘉明の臣、鉄砲隊の大将。朝鮮の役に出兵し功により350石。慶長5年（1600）関ヶ原の戦いで軍令違反をとがめられ嘉明と決別。その後小早川秀秋に千石で仕えた。秀秋の死後福島正則に仕えたが、嘉明の干渉で浪人、大坂冬の陣で大坂城に入城し、本町橋の夜襲で大勝利を挙げ「夜撃ちの大将」と呼ばれた。元和元年（1615）夏の陣で陣没、48歳。その後二代目直胤は母方の旧姓櫻井氏を名乗り、現代につながる。

■ **家系図**

元祖　塙直之 ─── （桜井平兵衛）直胤 ─── 同直重

馬印
黄母衣衆　不二山神の旗

日根野吉明

ひねの　よしあき

天正15～明暦2年（1587～1656）

「洲浜」

■ 家紋と旗紋
「武功雑記」（文献43掲載）には「三つ団子の昇り二本立てありたるは、日根野織部なり」と見える。洲浜紋の三つの丸い形を見て三つ団子といったと思われるが、実際は吉明の父・高吉の伯父弘就以前から洲浜紋を使用していた（文献46）。洲浜は仙人が住むという美しい砂浜でできた島の形を紋にしたもので、瑞祥の意味で使われた。

■ 経歴
安土桃山時代から江戸時代前期の大名。別名は徳太郎、織部正。信濃高島城主。慶長5年（1600）父高吉の死により2万8千石を継ぐ。関ヶ原の戦いでは東軍に属し家康の命により高島城に帰り西軍の信濃上田城主真田昌幸への備えを担当した。大坂の役に従軍して功を挙げ、寛永11年（1634）に五千石加増され豊後府内城主。明暦2年（1656）70歳で死去。

家系図

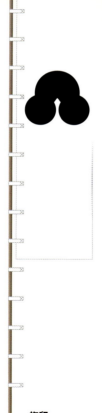

旗印
白地洲浜
文献67

ひとつやなぎ　なおもり

一柳直盛

永禄7～寛永13年（1564～1636）

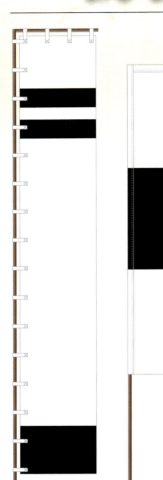

旗印
白地に二引両、裾黒
「諸将旌旗図屏風」
（文献48掲載）
静岡市芹沢美術館蔵

番指物
白地胴黒
出典同上

| 「隅切折敷に三の字」 | 「丸に釘抜」 | 「一柳釘抜」 |

■ **家紋と旗紋**
家紋は先祖河野氏の栄を伝え、伊予三島神社の神紋でもある「折敷に三の字」、独自の紋として「丸に釘抜」、替紋として「一柳釘抜」、別名「釘抜座に梃子」を使った。

■ **経歴**
直高の二男、伊予西条藩主。天正11年（1583）賤ヶ岳の戦いに従軍、同18年兄直末の戦死により、秀吉から尾張黒田城3万石を与えられた。慶長5年（1600）関ヶ原の戦いでは徳川方に味方して岐阜城を攻め、その功により伊勢神戸5万石に移封。寛永13年（1636）伊予西条6万8千6百石を与えられたが、その地に赴任の途中病死した。

家系図

日本の久留子紋と世界の十字架

十字架が十字そのものの文様として使われた歴史や、信仰の対象として使われた歴史は、紀元前数千年前からといわれる。4世紀ごろから十字架がキリスト教のシンボルとして西欧のクリスチャンの間に重要な位置を占めるようになり、11世紀には西欧貴族社会の発展とともに紋章の使用が始まったため、十字架が紋章の中で最も多く用いられるようになった。

天文18年（1549）には日本にキリスト教が伝わったが、肥前の大村純忠や有馬晴信、堺の高山右近、池田、中川、伊丹氏など多くの大名が切支丹となり、自分の家紋や旗指物に久留子紋を用いるようになった。ところが日本にはキリスト教伝来以前から、引違い紋、十文字紋、卍紋、轡紋、四つ石紋など十字架に似た家紋はすでに多く存在していた。その代表は薩摩の島津氏であり、『日本紋章学』には「島津氏一門所用十文字紋種類（1）、（2）」として70もの十の字を基本とする家紋が掲載されている。

やがて、キリスト教の広がりを恐れた徳川幕府は、慶長17年（1614）厳しい禁教令を発令したため切支丹大名の多くは改宗し、それまで用いていた久留子も変更せざるを得なかったのである。しかし、中には禁令後も久留子紋を変形して使用したり、既存の似通った紋に似せた家紋を作り使い続けた大名も少なからずいたのである。

以下の家紋①〜④は、切支丹禁教以前から日本独自に使われていた久留子紋あるいは久留子紋とみなされる恐れのある紋である。しかもこれらの紋は西欧でも使われていたもので、①はギリシャ十字と同形、②は一つの紋に十字を二つ以上用いられたクロス・クローセット、③はクロス・ポーテント（松葉杖の頭の意）といわれ、ともに西欧に当時既に存在した紋章であった。④はもともと日本にあった紋だが、英国の聖アンドリュー・クロスと同形である。『日本の家紋』荻野三七彦によれば、これらの家紋が禁教後は⑤〜⑧の紋に変化したという。

①十字久留子
（ギリシャ十字）

②角花久留子
（クロス・クローセット）

③桛（かせぎ）
（クロス・ポーテント）

④丹羽引違い
（セントアンドリュー・クロス）

⑤轡

⑥花轡久留子

⑦中川久留子

⑧結無祇園守

ふくしま　まさのり
福島正則

旗印
白地青の山道に赤の桐紋二つ
「関ヶ原合戦図屏風」
（文献 49 掲載）
津軽家本／彦根・木俣家本

番指物
白地に黒の山道
出典同左

旗印
白地青の山道に黒の桐紋二つ
出典同左

旗印
白地青の山道に黒の桐紋一つ
出典同左

旗印
白地青の山道に赤の桐紋一つ
出典同上

本陣旗
黒地白の山道、
赤に白の一引の招き
「関ヶ原合戦図屏風」
（文献 49 掲載）
津軽家本／彦根・木俣家本

御紋の御旗
白地、丸に福島沢潟に山道の大四半　出典同上

永禄4～寛永元年（1561～1624）

旗印
赤地金の五七桐に黒の二引
「山崎合戦図屏風」
（文献6掲載）
大阪城天守閣蔵

「福島沢潟」

「五七桐」

「十六菊」

■ **家紋と旗紋**
家紋は「沢潟」、世に「福島沢潟」といわれた。このほか正則が秀吉から与えられたという「菊」、「五七の桐」、「牡丹」があった。旗には「山道」と「五七の桐」を掲げた。「関ヶ原合戦図屏風」（文献49掲載）津軽屏風には右隻、左隻の二箇所に大きな陣を作り黒地に白の山道の幟が描かれている。同・彦根井伊家蔵の中央下部には白地に青の山道に桐紋を配した旗が、宇喜田秀家の兒の字の旗と戦闘中であり、福島正則の貼り札の下には沢潟の大馬印、白地に山道が見える。

■ **経歴**
幼少から秀吉に仕え、山崎の合戦他に従軍。賤ヶ岳の合戦では七本槍の筆頭として活躍した。九州征伐、小田原の役、文禄・慶長の役で功を重ね、尾張清洲城24万石を領した。慶長5年（1600）関ヶ原の戦いでは徳川方の先鋒を勤め、安芸広島城49万8千2百石。しかし、元和5年（1619）広島城の無断修築を咎められ、信濃川中島4万5千石に減封、蟄居し、不遇な死を遂げた。

旗印
黒地白の二本山道
（文献16掲載）
岐阜市歴史博物館蔵

家系図		

ふるた　しげかつ

古田重勝

永禄3～慶長11年（1560～1606）

旗印
紺地白抜きの丸に三つ引三段
「諸将旌旗図屏風」
（文献48掲載）
静岡市芹沢美術館蔵

「丸に三つ引」

「丸の内に三つ引両」

■ 家紋と旗紋
重勝の家紋は「丸に三つ引（両）」と「丸の内に三つ引（両）」の二説がある。即ち紋の形状に二説がある。『家紋・旗本八万騎』高橋賢一には紋の名称が「丸に三つ引両」とあるが、『旗指物』高橋賢一にある旗の画像は「丸の内に三つ引両」の形になっており、「諸将旌旗図屏風」（文献48掲載）の画像も「丸の内に三つ引両」と思われる。ここでは家紋を「丸に三つ引両」とし、参考までに「丸の内に三つ引両」の紋も掲載する。「丸の内に三つ引両」は後代になってつけられた紋の名前と推定され、以前はこの両紋をはっきり区別しなかったのかもしれない。

■ 経歴
はじめ秀吉に仕え、九州、小田原の役に参戦。文禄の役で渡海し、伊勢国松坂城3万5千石を領した。慶長5年（1600）上杉景勝と戦うため家康に従って東北に向かった。関ヶ原の戦いでは徳川方として松坂城を守り、阿野津城に援軍を送るなど功をあげ、加増されて松坂城5万5千石領主となった。

家系図
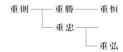

重則 ─── 重勝 ─── 重恒
　　　└── 重忠
　　　　　└── 重弘

番指物
黒地に金の三つ引三両
出典同左

ふわ　なおみつ

不破直光

?～慶長3年（?～1598）

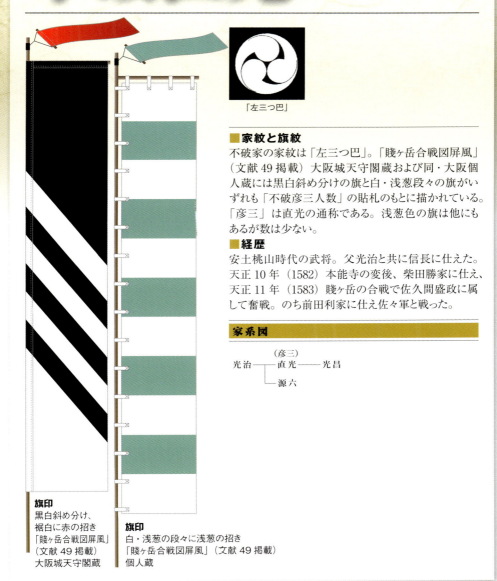

「左三つ巴」

■家紋と旗紋
不破家の家紋は「左三つ巴」。「賤ヶ岳合戦図屏風」（文献49掲載）大阪城天守閣蔵および同・大阪個人蔵には黒白斜め分けの旗と白・浅葱段々の旗がいずれも「不破彦三人数」の貼札のもとに描かれている。「彦三」は直光の通称である。浅葱色の旗は他にもあるが数は少ない。

■経歴
安土桃山時代の武将。父光治と共に信長に仕えた。天正10年（1582）本能寺の変後、柴田勝家に仕え、天正11年（1583）賤ヶ岳の合戦で佐久間盛政に属して奮戦。のち前田利家に仕え佐々軍と戦った。

家系図

```
              （彦三）
光治 ─┬─ 直光 ── 光昌
      └─ 源六
```

旗印
黒白斜め分け、裾白に赤の招き
「賤ヶ岳合戦図屏風」
（文献49掲載）
大阪城天守閣蔵

旗印
白・浅葱の段々に浅葱の招き
「賤ヶ岳合戦図屏風」（文献49掲載）
個人蔵

北条早雲

ほうじょう そううん

永享4～永正16年（1432～1519）

「北条鱗」

「北条対い蝶」

■ **家紋と旗紋**

小田原北条家（北条五代）を鎌倉北条（前北条）と区別し後北条家と呼ぶ。後北条家は秀吉に滅ぼされ、河内狭山北条家氏宗だけが残った。小田原北条家の家紋は鎌倉北条家を後継するものとして同じ「三つ鱗」を使い、ほかに「揚羽蝶（北条対い蝶）」を使った。

『北条五代記』には小田原北条家旗馬印について「氏康は赤旗十流れ、いろこ（鱗）型の大四方一本あり。馬じるしは五色段々の大のぼりなり。氏政は白地に钁湯無冷所の五文字を書きけり。氏直は金地に無の一字を書かれたり」とある（『旗指物』高橋賢一の引用より）。钁は钁（かく）とも書く。北条氏政参照。

■ **経歴**

初代・早雲ははじめ伊勢新九郎と称し斉藤道三と共に下克上大名の代表といわれてきた。しかし現在では室町幕府政所執事伊勢氏一族の出身とみる説が有力である。出家して早雲と号し、伊豆、相模を平定して北条家五代100年間の基礎を築いた。

■ **家系図**

```
(長氏：初代)(二代)(三代)  (四代)(五代)
 早雲──氏綱──氏康──┬氏政──氏直
                   │
                   └氏規──氏盛──┬氏信──氏宗
                                │
                                └氏利──氏治
```

北条鱗の流れ旗
赤地に金の北条鱗の流れ旗
「北条早雲画像」
岡山県井原市　法泉寺蔵
（伊原文化財センター「古代まほろば館」）

北条氏康

ほうじょう うじやす

永正12～元亀2年（1515～1571）

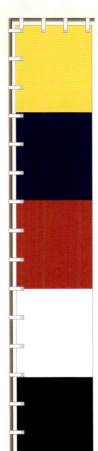

馬印
五色段々の大幟（推定）
『北条五代記』

「北条鱗」

「北条対い蝶」

■家紋と旗紋
家紋は北条早雲と同じ。『北条五代記』に書かれた氏康の旗馬印には「赤旗十流れ」とあるがその形は不明。氏康の「五色段々の大のぼり」の五色は小田原北条家「五色備」の根幹であり、古制にのっとって黄・青・赤・白・黒が選ばれた。氏康は領域の重要な城五つを選んで黄備、青備と呼び、その長に家老格を当てた（『武家の家紋と旗印』高橋賢一）。

■経歴
相模の戦国大名、小田原北条氏三代、氏綱の長男。天文11年（1541）家督を継いだ後、山内上杉・扇谷上杉氏など関東の旧勢力を破り、上杉謙信、武田信玄と戦って国府台第2戦に大勝した。代替り検地や「所領役帳」の作成、税制改革などを推進した。

■家系図

```
（長氏：初代）（二代）（三代）    （四代）（五代）
   早雲 ── 氏綱 ── 氏康 ─┬─ 氏政 ── 氏直
                        └─ 氏規 ── 氏盛 ─┬─ 氏信 ── 氏宗
                                        └─ 氏利 ── 氏治
```

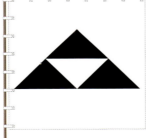

馬印
鱗（いろこ）形の大四方（推定）
出典同左

北条氏政

ほうじょう　うじまさ

天文7〜天正18年（1538〜1590）

「北条鱗」

「北条対い蝶」

■家紋と旗紋
家紋は北条早雲と同じ。氏政の旗紋「鑊湯無冷所（かくとうれいしょなし）」の鑊は罪人をかまゆでにする刑具、すなわち地獄をさす。戦場はまさに煮えたぎる熱湯でそれを逃れるところはないから覚悟して戦えということだろうか。

■経歴
室町時代の武将。永禄2年（1559）父氏康から家督を継いで北条四代小田原城主。上杉謙信、武田信玄と争ったが、のち氏康の遺言により武田信玄と同盟した。しかし秀吉からの臣従の求めを無視し、天正18年（1590）秀吉軍20万に包囲され自刃した。

家系図
```
(長氏：初代) (二代) (三代)   (四代) (五代)
  早雲 ── 氏綱 ── 氏康 ─┬─ 氏政 ── 氏直
                      └─ 氏規 ── 氏盛 ─┬─ 氏信 ── 氏宗
                                       └─ 氏利 ── 氏治
```

鑊湯無冷所

旗印
白地に「鑊湯無冷所」の旗（推定）
『北条五代記』

北条氏宗

ほうじょう うじむね

元和5〜貞享2年（1619〜1685）

「丸に三つ鱗」

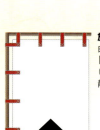

旗印
白地裾黒に北条鱗
「諸将旌旗図屏風」
（文献48掲載）
静岡市芹沢美術館蔵

■ **家紋と旗紋**
五代続いた小田原北条家が秀吉によって滅ぼされた中に、支流ながら栄光の「北条鱗」を受け継いだ河内狭山の北条家があった。その当主・氏宗の家紋は「北条鱗」に丸をつけた「丸に三つ鱗」を使った。旗には誇らしく「北条鱗」を掲げた。

■ **経歴**
北条氏康五男氏規の孫氏信の子。河内狭山北条家当主、幼名久太郎。寛永2年（1625）父氏信の死去により家督を継ぎ、将軍家にお目見えした。

家系図

```
(長氏:初代) (二代) (三代)  (四代) (五代)
  早雲 ── 氏綱 ── 氏康 ─┬─ 氏政 ── 氏直
                        └─ 氏規 ── 氏盛 ─┬─ 氏信 ── 氏宗
                                         └─ 氏利 ── 氏治
```

番指物
白地裾黒に北条鱗の四半
出典同上

ほしな まさみつ

保科正光

永禄4～寛永8年（1561～1631）

旗印
浅葱地に並九曜四段
「諸将旌旗図屏風」
（文献48掲載）
静岡市芹沢美術館蔵

「並九曜」

「立梶の葉」

■ **家紋と旗紋**
保科家の家紋は「並（び）九曜」（角九曜ともいう）および諏訪神社の神紋に由来する「立梶の葉」。「九曜」は平安時代から流行していた信仰の天地四方を守護する真言の本尊である。正光は決死の色といわれた浅葱地にこの紋を4段に連ねて描いた。

■ **経歴**
信濃高遠城主。正直の長子。天正10年（1582）父と共に家康に仕え、小牧長久手の戦い、小田原征伐に参戦、下総多胡城1万石城主となった。慶長5年（1600）関ヶ原の戦いでは遠江浜松城を守備し、その功により高遠藩2万5千石を立藩、初代藩主となった。大坂夏の陣に参加し伏見城留守を勤めた。

家系図

正俊━━正直━┳━正光━━正之
　　　　　　┗━正員━┳━正景
　　　　　　　　　　┗━正英

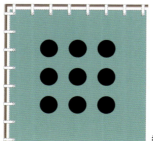

番指物
浅葱地に並九曜の四方
出典同上

ほそかわ　ただおき

細川忠興

元禄6〜正保2年（1563〜1645）

旗印
白地に黒の九曜
「諸将旌旗図屏風」
（文献48掲載）
静岡市芹沢美術館蔵

「九曜」

「丸に二つ引」

「桜」

■ 家紋と旗紋
細川家の家紋は「九曜」、「桜」（のち「細川桜」）に足利尊氏から与えられた「五三の桐」、「丸に二つ引」があった。のちに「細川九曜」と呼ばれる周囲の8個の円が小さい紋があるが、これは延享8年（1751）同じ九曜の衣紋のため、誤って刃傷沙汰になったことから他と区別するために変形したもの（『武家の家紋と旗印』高橋賢一）。忠興は自ら旗の意匠を考えたといわれ、「有」の一字旗は「無」の一字旗に対応する「戦果有り」の意という（同上）。

■ 経歴
細川藤孝（幽斎）の長男。父に似て忠興も文武兼備の名将として知られる。忠興の妻は明智光秀の娘、受洗名ガラシャ。本能寺の変では秀吉に仕え、秀吉の死後は家康につき、慶長5年（1600）関ヶ原の戦いの功により豊前中津39万6千石を与えられた。茶道、和歌、絵画に通じ多くの著作を残した。

大馬印
白の三幅に有の一字の大四半
出典同上

家系図

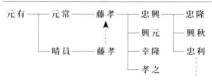

堀田正高

ほった まさたか

？〜元和元年（？〜1615）

「丸に縦(たて)木瓜」

「九枚笹」

■ **家紋と旗紋**
堀田家は「堀田木瓜」（縦木瓜）を主紋、「九枚笹」を副紋とした。旗印は白無地。

■ **経歴**
安土桃山時代から江戸時代初期の武将。豊臣秀吉の馬廻り役。別名　勝嘉、盛重、圖書介。天正18年（1590）小田原の役、続いて朝鮮派兵に従軍。慶長5年（1600）石田光成の挙兵を家康に密告したが、関ヶ原の戦いでは西軍秀頼に仕えて1万石を得、七手組頭の一人。七手組は秀吉が約1万の精鋭を7つの部隊に分け、大坂城や秀吉等の身辺警護等にあたらせた部隊。
元和元年（1615）大坂夏の陣で大坂落城とともに自刃した。

■ **家系図**

正吉光 ── 正高
　　　　　（盛重）

旗印
白無地
文献 67 掲載

ほりお ただうじ

堀尾忠氏

天正6〜慶長9年（1578〜1604）

「分銅」

■ **家紋と旗紋**
分銅（法馬）は天秤に用いる錘である。『寛政重修諸家譜』には、高階氏の末裔である堀尾氏が家紋に一分銅を使ったとある（『日本紋章学』沼田頼輔）。「関ヶ原合戦図屏風」（文献49掲載）津軽屏風右隻第八扇上部に描かれている黒地に白の分銅の旗は忠氏隊のものと推定される。

■ **経歴**
吉晴の二男。慶長5年（1600）関ヶ原の戦いで徳川秀忠に従って功があり、のち遠江国浜松城12万石から出雲・隠岐24万石に移封された。

家系図

```
吉晴─┬─金助
     ├─忠氏───忠晴
     └─氏泰
```

旗印
黒地に白抜きの分銅三つ（推定）
「関ヶ原合戦図屏風」津軽屏風（文献49掲載）
個人蔵

堀尾忠晴

ほりお ただはる

慶長4～寛永10年（1599～1633）

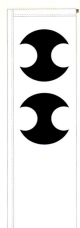

「分銅」

■ **家紋と旗紋**

家紋は堀尾忠氏と同じ。忠晴の旗は「諸将旌旗図屏風」（文献48掲載）の他に「大坂夏の陣図屏風」（文献49掲載）黒田屏風、左隻第二扇下部に白地に黒の分銅の旗が大坂城めざして進んでいる姿がある。

■ **経歴**

慶長9年（1604）父忠氏早世により数え6歳で家督を相続したが、幼少のため祖父吉晴が藩を治めた。慶長19年（1614）大坂冬、夏の陣に徳川方として参戦し、福島正則改易による広島城受取役を勤めた。

■ **家系図**

```
吉晴 ─┬─ 金助
      ├─ 忠氏 ── 忠晴
      └─ 氏泰
```

旗印
黒地に白の分銅一つ
「諸将旌旗図屏風」
（文献48掲載）
静岡市芹沢美術館蔵

番指物
白地に黒の分銅二つ
「大坂夏の陣図屏風」
黒田屏風（文献49掲載）
大阪天守閣蔵

ほり ひでまさ

堀秀政

天文22〜天正18年（1553〜1590）

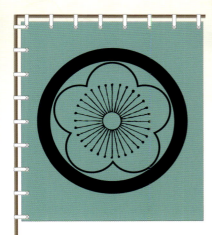

「釘抜」

■家紋と旗紋
堀家の家紋は「釘抜」。秀政の旗に掲げる「梅花の丸」は、堀家が美濃土岐氏の守護代斉藤氏の庶流であったため梅紋を用いたことから来ており、秀政の子親昌の代から家紋として用いられるようになった。

■経歴
秀吉の家臣、秀重の嫡子、通称久太郎。天正6年（1578）長浜城主、同10年備中高松城攻めに参陣し、そのまま秀吉に属して山崎の戦いに参戦。同11年賤ヶ岳合戦後、近江佐和山9万石、小牧・長久手の戦いを経て越前北の庄18万余石。秀吉に従って九州征伐参戦後、天正18年（1590）小田原征伐陣中で病死、38歳。

家系図
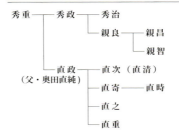

馬印
浅葱地に梅の花丸の四半
「山崎合戦図屏風」
（文献6掲載）大阪城天守閣蔵

堀親良

ほり ちかよし

天正8～寛永14年（1580～1637）

「釘抜」

「丸に梅花」

旗印

白地に黒の蛇の目三つ
（推定）
「諸将旌旗図屏風」
（文献48掲載）
静岡市芹沢美術館蔵

■家紋と旗紋
堀家の家紋は信長から馬印に許された「釘抜」と親良のときから使ったといわれる「丸に梅花」。一方、「諸将旌旗図屏風」（文献48掲載）にある旗紋は「蛇の目」紋と推定されるが、本来の蛇の目紋に比べ目の部分がやや小さく、目を囲む輪の部分がやや細く見える。

■経歴
堀秀政の二男。秀吉に仕え、越後蔵王4万石に移封。関ヶ原の戦いでは兄秀治と共に徳川方に属し、のち幕府より下野真岡1万2千石を与えられた。寛永4年（1627）に下野烏山2万5千石城主。

家系図

番指物

紺地に白の蛇の目の四半（推定）
出典同上

ほり なおより

堀直寄

天正5〜寛永16年（1577〜1639）

「釘抜」

「亀甲に花角」

旗印
紺地に白の釘抜三つ、
鳥毛の出し
「諸将旌旗図屛風」
（文献48掲載）
静岡市芹沢美術館蔵

■ **家紋と旗紋**
直寄の父、奥田直政は、前出堀親良の父、秀政の従弟でのち名を堀に改めた。この関係で家紋は釘抜。替紋に「亀甲に花角」があった。直寄はこの釘抜を旗紋に掲げた。

■ **経歴**
越後春日山藩堀秀治の家老堀直政の二男、越後坂戸1万石領主。慶長15年（1610）父直政の死後、庶兄直次と相続を巡って内紛が起こり、家康直々の裁断で直次は改易、直寄は1万石の減封。のち駿府城失火のとき功あり、さらに大坂の役に参戦して元和4年（1618）越後国村上10万石に移封。

家系図

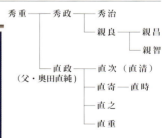

番指物
紺地に金の釘抜
出典同上

本多忠勝
ほんだ　ただかつ

天文17～慶長15年（1548～1610）

「三本立葵」

「丸に本の字」

「本多一本杉」

■家紋と旗紋
本多家の家紋は「三本立葵（本多立葵）」、「丸に本の字」、「本多一本杉」。「三つ葉葵」はもと本多家のものだったが、家康がそれを使うことになってからは「三本立葵」を本多家の紋にしたという。忠勝の身辺にはいつも「鍾馗」の旗があったが、鍾馗は中国で疫鬼を退け、魔を除くという神。日本では、その像を端午の節句の幟に描く。

■経歴
家康の臣、徳川家の柱石。元亀3年（1572）三方ヶ原の戦い、天正3年（1575）長篠の戦いに参戦。本能寺の変、小田原の役にも活躍し、上総大滝城10万石、慶長5年（1600）関ヶ原の戦いで功をあげ、伊勢桑名15万石。「家康に過ぎたるもの、唐の頭（白毛の兜）と本多平八（忠勝）」といわれた。その時忠勝25歳。

■家系図
（平八郎（忠勝）系本多氏）

忠豊─┬─忠高───忠勝─┬─忠政─┬─政朝
　　　└─忠真　　　　　└─忠朝─└─忠義

軍旗
鍾馗
「姉川合戦図屏風」
（文献14掲載）
福井県立歴史博物館蔵

ほんだ　ただまさ

天正3～寛永8年（1575～1631）

本多忠政

旗印
白地胴黒に本の字
「諸将旌旗図屏風」
（文献48 掲載）
静岡市芹沢美術館蔵

「本多立葵」　「丸に本の字」　「本多一本杉」

■家紋と旗紋
本多忠政の家紋は忠勝と同じ「三本立葵（本多立葵）」、「丸に本の字」、「本多一本杉」。

■経歴
忠勝の長男。徳川方に属して、小田原の役、関ヶ原の戦い、大坂冬・夏の陣に参戦、元和3年（1617）播磨姫路城15万石城主。

家系図

（平八郎（忠勝）系本多氏）

忠豊─┬─忠高───忠勝─┬─忠政───政朝
　　　└─忠真　　　　　└─忠朝───忠義

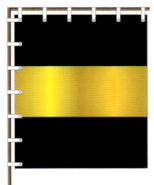

使番指物
黒地に胴金
『大坂両陣関東諸将軍器詳図』

本多康俊

ほんだ やすとし

永禄12〜元和7年（1569〜1621）

「本多立葵」

「丸に本の字」

■ 家紋と旗紋

慶安4年（1651）から幕末まで近江膳所の大名であった本多家は膳所本多家として知られ、その家紋は平八郎（忠勝）系本多家と同じ「本多立葵」に「丸に本の字」。旗紋にはもと本多家で使っていた「三つ葉葵」を使用した。

■ 経歴

家康の臣。酒井忠次の二男、天正8年（1580）本多忠次の養子となる。慶長5年（1600）関ヶ原の戦いの功により、三河西尾城2万石。同19年大坂冬の陣で戦い、近江膳所城3万石藩主。

家系図

（膳所系本多氏）

忠次 ─── 康俊 ┬─ 俊次 ─── 康将
　　　　　　　├─ 忠相
　　　　　　　├─ 俊昌
　　　　　　　└─ 景次

旗印
白地に丸に三つ葵
『大坂両陣関東諸将軍器詳図』

番指物
黒の四半
出典同上

ほんだ　としつぐ

本多俊次

文禄 4 ～寛文 8 年（1595 ～ 1668）

「本多立葵」

「丸に本の字」

■家紋と旗紋
家紋は本多康俊と同じ。「諸将旌旗図屏風」（文献 48 掲載）にある俊次の旗紋は「丸に立葵（本多立葵）」に比べ三本葵の茎の下部が細く、このような紋は資料を探しても見つからなかった。旗は同一の紋を描いたものと推定される。

■経歴
本多康俊の長男、近江膳所城二代藩主。慶長 19 年（1614）大坂冬・夏の陣で徳川秀忠に従って功をあげた。元和 7 年家督を継いで膳所藩主。のち伊勢亀山藩などを経て慶安 4 年（1651）再び膳所に戻り 7 万石。

家系図
（膳所系本多氏）

忠次────康俊────┬──俊次────康将
　　　　　　　　├──忠相
　　　　　　　　├──俊昌
　　　　　　　　└──景次

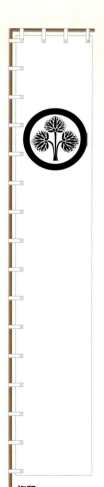

旗印
白地に丸に立葵（推定）
「諸将旌旗図屏風」（文献 48 掲載）
静岡市芹沢美術館蔵

ほんだ　としなが

本多利長

慶長3〜寛永14年（1598〜1637）

「丸の内二つ引」

■家紋と旗紋
引き両紋の種類は「一つ引き」から「八つ引き」まである。「丸に一つ引両」、「二つ引」など多くの名称がある。丸の内側にある二本の引き量が丸と接していないものは通常"丸の内・・・"と呼ばれる。この旗紋の一般的な名前は「丸の内二つ引」という。
引両の両は竜（りょう）で一は竜の姿を表す（『日本紋章学』）。二つ引きは有名な足利将軍家の紋で、雌雄二竜が絡み合って昇天する最強の運勢の紋のためか、この紋は140以上の武将、大名が使用したという。旗印にある「丸の内に二つ引」が本多利長の紋と推定した。

■経歴
大和高取城主。利朝の子、別名は左京、因幡守。元和元年（1615）大坂冬の陣で東軍に参陣し、大和路を進み道明寺口で奮戦した。その功により寛永9年（1632）秀忠の遺物銀300枚拝領。同年40歳で病没し、嗣子がなく改易となった。

家系図
忠利 ─┬─ 助久
　　　├─ 利長 ── 助芳（養子）
　　　└─ 利朗

旗印
地白筋黒赤に
丸の内二つ引
文献43掲載

番指物
白地黒の丸の内二つ引
文献43掲載

本多康紀

ほんだ やすのり

天正7〜元和9年（1579〜1623）

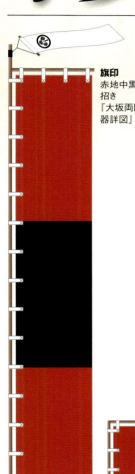

旗印
赤地中黒、白に立葵の招き
『大坂両陣関東諸将軍器詳図』

「本多立葵」

「花筏」

■ **家紋と旗紋**
本多忠勝と同じ時期家康に仕えた、信濃飯山2万石広高から始まった家系。家紋は本多忠勝と同じ「三本立葵」に、優雅な「花筏」があった。旗印の招きには前掲本多俊次の旗紋と同じ形の「三本立葵」が描かれている。また、番指物の旗紋は金の「裏銭」を使った。この紋は「無字銭」ともいわれ、九鬼、津軽家なども用いたといわれる（『日本の家紋』荻野三七彦）。

■ **経歴**
家康の臣、本多康重の長男。慶長16年（1611）父の死去により家督を相続し三河岡崎藩二代藩主。同19年大坂冬の陣では、大坂城の堀埋め立て、石垣破壊奉行を勤めた。

家系図

（飯山系本多氏）

```
広高 ── 康重 ─┬─ 康紀 ─── 忠利 ── 利長
              ├─ 次郎丸      紀利
              ├─ 紀貞        大蔵
              └─ 重世
```

番指物
赤地に金の裏銭
出典同上

コラム◎十

旗奉行

　戦場で大将の旗印が崩れれば軍全体が敗軍と見られるようになるため、どんな戦況にあっても見方の旗を倒さぬよう、機転が利き、勇敢な人物を大将の旗持ちとして用いるようになった。この部隊がやがて軍団の旗指物などを専門に管理・護衛するようになり、「旗奉行」の役となって各藩に定着するようになった。旗奉行は旗大将ともいい、役職としては室町幕府に既にあり、のち侍大将に次ぐ重職として扱われた。

　徳川幕府は組織の一つとして「旗奉行」を設け、老中に属し戦場において将軍の軍旗や旗印、馬印などの旗指物の管理を行うとともに、旗持ちの足軽などを率いて戦場で旗指物を掲げ戦意を鼓舞する役割を担った。大久保忠教（彦左衛門）は旗奉行を勤めた。また、黒田家の旗奉行の心得を記した「御旗書」（弘化2年 1845）には、敵に囲まれ敗戦濃厚の時は、「一流を残して旗を焼き尽くし、その残りの旗と共に敵陣に突撃せよ」（『福岡市博物館ホームページ旗指物』）とあり、旗奉行の仕事が大変であったことがわかる。
しかし、戦時には重要で名誉あるこの役も江戸時代が進み、戦いがまれになるにつれ閑職となっていった。

　大久保彦左衛門（永禄3年〜寛永16年　1560〜1639）は「天下のご意見番」、「一心太助の物語り」など、歌舞伎、講談で有名。家康に従い多くの合戦に参加したが、平和な時代になると大久保忠隣の失脚などの影響もあり、蔵奉行、旗奉行など閑職に追いやられたといわれる。

丸建という陣形における旗の配置（福岡藩　御旗書より）

前田利家

まえだ　としいえ

天文7～慶長9年（1538～1599）

「加賀梅鉢」

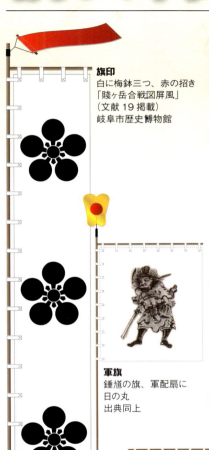

旗印
白に梅鉢三つ、赤の招き
「賤ヶ岳合戦図屏風」
（文献19掲載）
岐阜市歴史博物館

軍旗
鍾馗の旗、軍配扇に
日の丸
出典同上

■家紋と旗紋
前田家の家紋は「梅」一筋だったが、のち「加賀梅鉢」に落ち着いた。しかし、利家時代の旗紋・家紋は円だけ六個の「素梅鉢」を使っていたようだ（「六つ星」は真中の星が大きく、「素梅鉢」は小さい）。しかし、「賤ヶ岳合戦図屏風」（文献19掲載）岐阜市歴史博物館蔵の利家の旗紋はそのいずれでもなく、中央の星と回りの星を線で結んだ形である。「素梅鉢」が「加賀梅鉢」に落ち着く丁度中間の形であろうか。掲載する旗は加賀梅鉢の形にした。

■経歴
加賀藩主、前田家の祖。織田信長に仕え永禄3年（1560）桶狭間、元亀元年（1570）姉川、天正3年（1575）長篠合戦に参陣。天正11年（1583）賤ヶ岳の戦いで秀吉の勝利に寄与し加賀100万石、五大老のひとりとなった。秀吉死後遺児秀頼の後見に当たった。

家系図

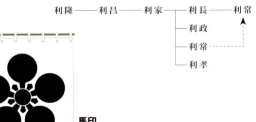

馬印
白地に梅鉢の四半
出典同上

まえだ　としつね

前田利常

文禄2〜万治元年（1593〜1658）

「加賀梅鉢」

■家紋と旗紋
利常は前出、前田利家の家紋を受け継いだ（前ページ参照）。

■経歴
加賀藩祖前田利家の四男、兄利長の幼継嗣。慶長10年（1605）家督を相続し加賀金沢119万2千余石を領した。大坂冬・夏の陣で徳川方に従軍し功をあげ、従三位中納言に叙されたが、寛永16年（1639）利常は隠居し、加賀小松22万石を分与された。

■家系図
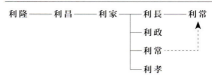

旗印
総赤に白黒段々の招き
「諸将旌旗図屏風」（文献48掲載）
静岡市芹沢美術館蔵

前田利孝

まえだ としたか

文禄3～寛永14年（1594～1637）

「星梅鉢（寄せ梅鉢）」

旗印
浅葱地に梅鉢、同色の招き
「諸将旌旗区屏風」
（文献48掲載）
静岡市芹沢美術館蔵

■家紋と旗紋
上野七日市で利孝から始まった七日市前田家の家紋は、利孝の孫利広のときに「梅鉢」から「寄せ梅鉢」にあらためたものという。この別名を「星梅鉢」といった。「諸将旌旗図屏風」（文献48掲載）および『大坂両陣関東諸将軍器詳図』にある利孝の旗紋は「星梅鉢」であり、この紋が利広より以前から使われていたことを示す。

■経歴
前田利家の五男。慶長19・20年（1614・15）大坂冬・夏の陣で徳川方に参戦して功をあげ、元和2年（1616）七日市に1万石を与えられた。

家系図

```
利隆──利昌──利家──┬─利長──利常
                    ├─利政          ↑
                    ├─利常┄┄┄┄┄┘
                    └─利孝
```

旗印
浅葱地に金の釘抜の四半
出典同上

まきの やすなり

牧野康成

弘治元～慶長14年（1555～1609）

旗印
紺地柏の大四半、赤に柏の招き
「諸将旌旗図屏風」（文献48掲載）
静岡市芹沢美術館蔵

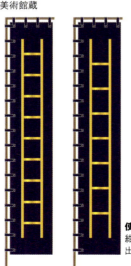

番指物
紺地に金の梯子（9段）
出典同上

使番指物
紺地に金の梯子（7段）
出典同上

「牧野柏（丸に三つ柏）」

「牧野梯子」

■家紋と旗紋
牧野家の家紋はもと菊・桐を用いたが、のち三つ柏葉にあらためた。この紋が「丸に三つ柏」で「牧野柏」と呼ばれた。しかし、当初の旗印は丸無しの「三つ柏」。他に金色の長梯子の紺幟を使った。これは家紋にもなり「牧野梯子」といわれた。

■経歴
家康の臣、成定の子。上野国大胡藩2万石初代。慶長5年（1600）関ヶ原の戦いでは徳川秀忠に仕え豊臣方の真田昌幸が守る信濃国上田城を攻めたが、無許可の軍令違反であったため蟄居。のち、恩赦で大胡藩に戻った。

家系図

成定──康成──忠成──光成

まきの　ただなり

牧野忠成

天正9～承応3年（1581～1655）

大馬印
黒地に柏の大四半、赤の招き
『大坂両陣関東諸将軍器詳図』（文献24掲載）

「牧野柏（丸に三つ柏）」

「牧野梯子」

■ **家紋と旗紋**
忠成は、父、牧野康成の家紋を受け継いだ（前ページ参照）。

■ **経歴**
父康成とともに家康に仕え、慶長5年（1600）関ヶ原の戦いで康成とともに徳川秀忠の下で上田城を攻撃し、軍令違反で蟄居した父の職務を代理した。父の死後大胡藩2万石を継ぎ二代藩主。大坂冬・夏の陣に参加して功をあげ、のち越後長岡藩6万余石を立藩、長岡城初代城主。

■ **家系図**

成定──康成──忠成──光成

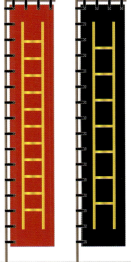

使番指物
赤地に金の梯子（11段）
出典同上

番指物
黒地に金の梯子（7段）
出典同上

ますだ　ときさだ

元和7？～寛永15年（1613？～1638）

益田時貞（天草四郎）

「花久留子」

■家紋と旗紋

天草四郎が籠城していた原城にはこの陣中旗が立てられていたという。旗は縦横108.6cmの正方形で、その上部にポルトガル語で'LOVVAD o SEIA O SACTISSIMO'（至誠なる聖体は賛美せられ給え）とある。信仰の象徴・天草、島原一揆の結束のシンボルとして用いられたと考えられる（旗印説明に記載の図録より）。陣中旗は西ヨーロッパの十字軍旗、ジャンヌ・ダルクの旗と共に世界三大聖旗といわれ、国宝となっている。家紋「花久留子」は切支丹がよく使用した紋であり、四郎もこの紋を用いたことがあったと思われる。

■経歴

益田時貞（天草四郎）、霊名ジェロニモ（のちフランシスコ）、島原の乱の総大将。小西行長の旧臣益田甚兵衛好次の子。長崎で学問修養中、キリスト教に入信、入洗（推定）、島原・天草一揆が拡大する中で総大将となった。しかし、まだ十代半ばであり、総大将はむしろ祭り上げられたシンボル的なものであった。1637年12月島原・原城に入城し、幕府軍の将・板倉重昌を打ち取り90日間籠城を続けたが、幕府軍12万に攻められ、翌二月食うものも無く落城。天草軍は女子供3万7千（幕府側記録）が皆殺しとなった。

家系図

益田好次━━時貞（天草四郎）

旗印
益田時貞（天草四郎）陣中旗
「綸子地著色聖体秘蹟図指物」
重要文化財・天草キリシタン館蔵
　同館「リニューアル記念展示図録」

コラム◎十一

「島原の乱図屏風」に見る島原・天草の乱およひ旗印

島原・天草の乱

島原・天草の乱（一揆）は、寛永14年10月（1637）に始まり、寛永15年2月（1638）に終結した大規模な農民一揆である。これ以後幕末まで200年以上にわたって、大きな戦いはなく、戦国時代の終わりを告げる戦いとなった。

九州肥前島原藩で起きたこの一揆は、単に切支丹農民の弾圧に反発したものではなく、三年も続いた飢饉のもと、島原藩領主松倉勝家、二代目重正、肥後天草藩の寺沢弘高、二代目堅高が年貢を納めない者や切支丹への過酷な拷問や処刑を行い、これに苦しんだ農民や切支丹が結束して起した戦いである。島原の乱は領主の苛政に対する一揆であり、日本史上最大で悲劇的な農民闘争であった。九州の諸大名は関ヶ原の戦いで西軍に参陣した大名が多かったが、その残党や浪人がこの一揆に参加し、農民を指導した農民一揆であり、切支丹一揆ではなかった。しかし幕府は禁教令に都合の良いようにこの乱を「宗教一揆」にすり替えた。

この一揆の総大将となったのが年齢わずか16歳の天草（益田）四郎時貞だった。しかし、天草四郎はいわば総大将に祭り上げられたのであり、実際の黒幕は四郎の父・良次、他であったとする説もある。一揆軍はキリシタンの教義を掲げて集団行動をとった。そのことが一揆軍にとっては統一戦線を張る重要な要素となった。

寛永14年11月に原城跡に立て籠もった3万人を超える一揆軍は総攻撃を開始し、幕軍に3千人以上の死傷者を出させた。松倉勝家は翌15年1月に二度目の総攻撃を敢行したが、大敗し戦死した。このため幕府は、本来戦後処理の上使であった「知恵伊豆」こと松平信綱を派遣、九州の諸大名軍を動員し、原城を攻略を目標にして戦闘を開始した。一揆軍は12月初旬から原城に立て籠もり、3か月後の寛永15年2月まで籠城戦が続いた。

一方、松平信綱は矢文などで懐柔策を説くとともに、一揆軍の死者の腹を裂き胃の中には海藻しか入っていないことを確かめ、戦略を兵糧攻めに切り替えた。

籠城開始後3か月以上が過ぎた2月27日、幕府側は127千人の幕府軍を繰り出し、総攻撃に出、本丸を含めたすべての曲輪を占領し、生き残った女子供を含む一揆軍1万数千人を含め、合計約37千人を皆殺しにした。この大殺戮によって島原半島の南半分と天草諸島の一部は、その後広大な範囲でゴースト・タウンと化した。

幕府は乱後無人化した領地を幕府直轄地に改め、30年を掛けて全国から百姓の入植者を募って膨大な金を投入し、人が住み、生活できる場所へと作り替えた。島原潘二代目松倉勝家は改易（のち斬首）、天草は没収（のち天領化）、松平信綱は増転封し幕閣機構を確立した。寛永16年には、この乱を理由にポルトガル貿易を断絶し、鎖国を完成したとされる。

この乱は、関ヶ原の戦い、大坂冬・夏の陣以降約20年の間、大規模な戦闘がなく、戦国を浪人の身で生き抜いた古武士たちの最後の戦いの場、死場となった。

（参照文献：『島原の乱』助野健太郎、『国史大事典』、『キリシタンの英雄たち』助野健太郎、村田安穂、『日本史探訪 2』角川書店、他）

2 益田四郎時貞（通称：天草四郎）の陣中旗

元有馬家家臣で絵の腕を見込まれ、松倉

家に仕えた山田右衛門作という男がいた。彼は子供のころからイエズス会の教育機関であるセミナリヨでポルトガルの宣教師から西洋の画法を習い耶蘇の仏画を描いた。「生絵」つまり油絵を描き、一揆軍の中で重役職をあたえられるようになった。右衛門作が描いた旗が前ページで紹介した「天草四郎の陣中旗」、原城籠城のシンボルとなった軍旗である。これは以前、億単位の金で外国に買われる噂のあったもの。この陣中期は原城本丸入口の天草四郎が布陣したそばに翻っていたと思われる。

旗の素材は他の旗が木綿であったのに対し、陣中旗は唯一絹製であった。旗の画像は非常に忙しいときに描いた物らしく、旗の乳は絹と木綿が混在するなど、明らかに急ごしらえと思われる。旗の表面には血の斑点が付着し、槍先の損傷や弾痕と覚しきものが多々あり、落城間際の激戦の物々しさを思わせる。しかし、この旗を描いた山田右衛門作は、一揆軍３万７千人が皆殺しになった中で、たった一人助かった人物であるだけに、裏切り者説もある。
（参照文献：『島原の乱』助野健太郎著）

また、著者は情報収集の折にこの陣中旗の裏側には何も描かれていないという話を数度確認した。このことから旗に作りかえる前はタペストリーとして使われ、切支丹の祈りの対象だったものを急遽陣中旗に作り替えたものかもしれない。

3　戦場の旗印の形、大きさ、持ち主

右図は島原城本丸石垣を登る幕府軍・黒田長政の嫡子忠之・長興の兵とこれを迎え討つ一揆軍である。黒田親子の「中白に藤巴」の旗印はこの図には見えないが（当著前ページに掲載済み）、大きさは右図上部の本丸に掲げられた数々の旗印とおおよそ同じ大きさである。

石垣の上部には、一揆軍が多くの旗印を掲げており、中央には紺地に白抜きの「天帝（キリスト）」の旗印が目立つ。この他にも赤白段々や白無地、裾紺斜め分け、白地に赤の紋などが掲げられているが、もともと旗を持たない百姓の旗の持ち主を探すことはできない。

一方、本丸石垣を登る幕軍の兵は白地に自分の名前を墨書きした腰指旗を付けている者が多いが、この旗は関ヶ原ではあまり見られない。応仁の乱以降、戦いの場での武将・大名の旗印は同じ大きさが一般的であったが、時代の変化と共により大きな部隊の旗と足軽などの低位の個人の小さな旗が自然に分化したと考えられる。この一揆後、戦はなくなり、大小の旗印を掲げることはほとんどなくなっていく。

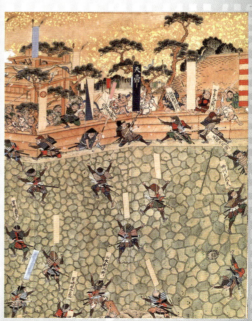

「島原の乱図屏風」六曲一双　秋月郷土館蔵
左隻第三曲　『戦国合戦絵屏風集成第五巻』
中央公論社　昭63　掲載

松倉重政

まつくら しげまさ

天正2？〜寛永7年（1574？〜1630）

「九曜」

「抱き茗荷」

「三つ杵」

■家紋と旗紋
家紋は「九曜」、「丸に抱き茗荷」、「三つ杵」。重政の旗の裾は『大坂両陣関東諸将軍器詳図』では赤、「諸将旌旗図屏風」（文献48掲載）では白となっている。ここには赤の旗を掲載した。

■経歴
家康の臣。慶長5年（1600）関ヶ原の戦いで功をあげ、大和五条に1万石。大坂冬・夏の陣に出陣、4万石に加増され肥前島原領主。幕命により元和7年（1621）以降すさまじい切支丹弾圧を行い、島原の乱の原因を作った。寛永7年（1630）切支丹の本拠地ルソン（フィリピン）、台湾攻略を策し領民に重税を課したが、間もなく病死。子勝家は死罪。

家系図
政秀？ ── 重信 ── 重政 ── 勝家

旗印
黒地に白の一引、裾赤
『大坂両陣関東諸将軍器詳図』
（文献24掲載）

まつした　しげつな

松下重綱

天正7～寛永4年（1579～1627）

「丸に隅立て四つ目」

旗印
紺地に金の筋違
「諸将旌旗図屏風」
（文献48掲載）
静岡市芹沢美術館蔵

■ **家紋と旗紋**
家紋は「丸に隅立て四つ目」。旗は金の「筋違」。この紋の名称は「筋違」のほか、「組違」、「引違」とも呼ばれる。『大坂両陣関東諸将軍器詳図』にあるこの旗紋には交差している二本の筋がはっきり黒線で描いてあるが、「諸将旌旗図屏風」（文献48掲載）では筋線はよく見えない。このため芹沢美術館に問い合わせたところ、「番指物には黒線をクロスさせ、その上に金の胡粉を塗った跡があるが、旗印には黒線が見当たらない」ということであった。ここでは後者を参照した。

■ **経歴**
松下之綱の長男。慶長3年（1598）家督を相続し父が秀吉から与えられた遠江久野城1万6千石を継いだ。慶長5年（1600）関ヶ原の戦いでは徳川方に味方して功をあげたが、無断で城の石垣を築いたことを咎められ常陸国小張に移封。大坂夏の陣で活躍した後、陸奥国二本松藩5万石。寛永4年（1627）陸奥三春に減封。

家系図

之綱───重綱───長綱───長光

番指物
紺地に金の筋違の四半
出典同上

まつだいら これただ
松平伊忠

天文6〜天正3年（1537〜1575）

「重ね扇」

「橘」

■家紋と旗紋
祖父忠定が三河深溝に住んでから深溝松平家と称した伊忠（「のぶただ」とも呼ぶ）の家紋は「重ね扇」、「橘」。「姉川合戦図屏風」（文献14掲載）福井県立歴史博物館蔵、六曲一隻中央には「松平又八郎伊忠」の貼り札の下に白地に赤の重ね扇の旗が描かれている。又八郎は伊忠の通称。

■経歴
松平好景の長男。三河一向一揆の鎮圧、姉川、三方ヶ原の戦いなどに参戦、家康初期の功臣となった。天正3年（1575）長篠の戦いで信玄の弟武田信実を討ったが、戦死した。

家系図

（松平・深溝系）

```
              ┌（五井家）
              │元心
信光──忠景──┤
              │（深溝家）
              └忠定──好景──伊忠──家忠
```

旗印
白地に赤の重ね扇と赤の一筋
「姉川合戦図屏風」（文献14掲載）
福井県立歴史博物館蔵

まつだいら ただあきら

松平忠明

天正7〜寛永4年（1579〜1627）

旗印
黒地金の釘抜二つ、黒の招き
「大坂夏の陣図屏風」
（文献48掲載）
大阪城天守閣蔵

旗印
紺地に金の釘抜
「諸将旌旗図屏風」
（文献48掲載）
静岡市芹沢美術館蔵

「松平三つ葵」

「松平六つ葵」

「九曜」

■ **家紋と旗紋**
松平一族の家紋として「松平三つ葵」、「松平六つ葵」があり、替紋に「九曜」を用いた。「大坂夏の陣図屏風」（文献49掲載）大阪城天守閣蔵には、黒地金の釘抜二つの幟を立てて茶臼山めがけて突進する一隊が描かれているが、これは松平忠明の部隊と推定される（『戦国合戦絵屏風集成』中央公論社）。

■ **経歴**
奥平信昌四男。母は家康の長女亀姫。この関係で忠明は家康の養子となり松平姓を許され、葵の紋の使用を認められた。文禄元年（1592）兄家治の死により家督を継ぎ、下総守。慶長5年（1600）関ヶ原の戦いに徳川方として参戦。大坂冬の陣後大坂城内外堀の埋立てを担当、その功により大和郡山藩12万石に加増移封、寛永16年（1639）播磨姫路藩18万石城主となった。

■ **家系図**

番指物
紺地に金の釘抜の四方
出典同左

まつだいら　ただつぐ

松平忠次

慶長10～寛文5年（1605～1665）

旗印
赤地に九曜
「諸将旌旗区屏風」
（文献48掲載）
静岡市芹沢美術館蔵

「榊原源氏車」

「九曜」

■家紋と旗紋
榊原康正の子・康勝を父にもつ忠次の家紋は、榊原家の家紋「源氏車」に替紋の「九曜」であった。榊原家の「源氏車」は「十二本骨源氏車」で、のち「榊原車」と呼ばれる。旗は九曜に白餅。

■経歴
江戸前期譜代大名。榊原康政の二男康勝が榊原家を継いだが、康勝が病死して嗣子がなかったため、大須賀家を継いだ忠政の子忠次の母が家康の姪であったこともあり、忠次は家康の命で松平姓を名乗り館林藩10万石を相続した。のち、白河藩14万石を経て、姫路15万石に国替えとなった。大須賀家は跡継ぎがなく廃絶となった。

家系図

大馬印
赤地に白の九曜の大四半
出典同上

番指物
赤地に白餅の四半
出典同上

まつだいら　ただなお
松平忠直

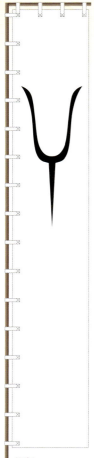

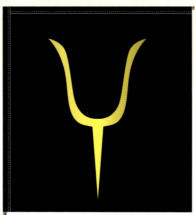

番指物
黒地に金の矢の根の
四半
出典同左

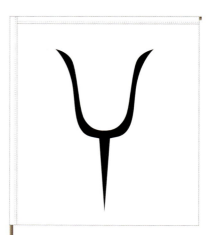

旗印
白地に黒の矢の根
「諸将旌旗図屏風」（文献48掲載）
静岡市芹沢美術館蔵

番指物
白地に黒の矢の根の四半
出典同左

文禄4～慶安3年（1595～1650）

「丸に三つ葵」

「越前六つ葵」

「桐（福井桐）」

■ **家紋と旗紋**
松平・越前系の家紋は御三家並みの「丸に三つ葵」、「越前六つ葵」、「桐（福井桐）」。「桐」は秀吉からのもので、忠直の弟忠昌が越前に移り地名を福井と改めてから「越前桐」と呼ばれるようになった。秀康の後を継いで越前宰相と呼ばれた忠直は大坂冬夏の陣中、日の丸の大馬印、天風（鍬形、矢の根）を黒く染めた白幟を数流押し立てての活躍だった。

■ **経歴**
家康の二男秀康が越前北ノ庄城67万石領主（越前宰相）となってから松平姓を名乗った家系。その秀康の長男。慶長12年（1607）秀康の死去により同城75万石を継いだ。慶長19年（1614）大坂冬の陣で真田幸村の首をあげ、大坂城一番乗りの功を上げたが、恩賞の沙汰を巡って不満、愚行の挙句、豊後に流され死亡。

■ **家系図**

（松平・越前系）

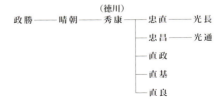

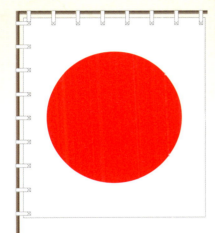

大馬印
白地朱の丸
出典同左

まつだいら　ただよし

松平忠良

天正10～寛永元年（1582～1624）

旗印
白地に赤の蛇の目（推定）
「諸将旌旗図屏風」
（文献48掲載）
静岡市芹沢美術館蔵

「丸に三つ葵」

「星梅鉢」

■ 家紋と旗紋
久松利勝は家康の母お大（伝通院）と再婚したことから松平姓を名乗った。さらにその孫忠良の二男康尚が慶安2年（1649）伊勢長島城に転封したことから久松長島系と呼び区別する。家紋は「丸に三つ葵」に「星梅鉢」。「諸将旌旗図屏風」（文献48掲載）にある旗印の蛇の目はいわゆる「蛇の目」紋より輪の幅が狭く、むしろ「三つ割付け蛇の目」紋あるいは「蛇の目輪」紋に似ている。また、大馬印の色は総金と推定した。

■ 経歴
久松俊勝と家康の母お大の間に生まれた康元の長男。父とともに家康に仕え、慶長5年（1600）関ヶ原の戦いに参戦、慶長8年（1603）父の死去により下総国関宿2万石を継いだ。慶長20年大坂夏の陣で功をあげ、美濃国大垣藩5万石。

家系図

（松平・久松長島系）
（久松）
俊勝 ─┬─ 康元 ─── 忠良 ─┬─ 忠憲（憲良）
　　　├─ 康俊　　　　　　└─ 康尚
　　　└─ 定勝

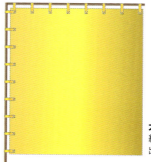

大馬印
総金の四半（推定）
出典同上

まつだいら なおもと

松平直基

慶長9～慶安元年（1604～1648）

旗印
紺地中白の旗
「諸将旌旗図屏風」
（文献48 掲載）
静岡市芹沢美術館蔵

「丸に三つ葵」

「六つ葵（松平六つ葵）」

■ **家紋と旗紋**
直基が寛永元年（1624）越前勝山に分封した後、その子孫が明和4年（1767）以降武州川越に居城したことから川越系松平家と呼ばれる。家紋は「丸に三つ葵」と「六つ葵」。「六つ葵」は兄と形がやや異なり、のち「松平六つ葵」と呼ばれる。「諸将旌旗図屏風」（文献48 掲載）にある直基の大馬印は赤地に白抜きの丸い輪だが、家紋としてみた場合「太輪」、「中太輪」、「丸輪」のいずれなのかあるいは他の紋なのか判別しがたい。このため「丸輪」とした。

■ **経歴**
結城秀康の六男。越前勝山3万石から大野5万石など順次加増を受けて慶安元年（1648）姫路15万石に国替されたが、間もなく死去。

家系図

（越前系・川越松平家）

政勝 ── 晴朝 ── （徳川）秀康 ── 忠直 ── 光長
　　　　　　　　　　　　　　├ 忠昌 ── 光通
　　　　　　　　　　　　　　├ 直政
　　　　　　　　　　　　　　├ 直基
　　　　　　　　　　　　　　└ 直良

番指物
紺地中白の四半
出典同上

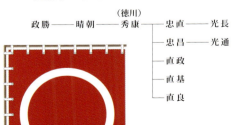

大馬印
赤地に白抜きの丸輪
（推定）
出典同上

松平信綱

まつだいら のぶつな

慶長元～寛文2年（1596～1662）

旗印
白地黒の八段梯子
文献43掲載

「九本骨三つ扇」

■家紋と旗紋
三代家光が庭に橋を懸けるとき、橋のそりの角度をどう決めるかについて家臣に相談したところ、信綱は扇子を開き、折りたたんで家光が納得する角度を決めたという。これが縁で信綱は出世したため、三つ扇の紋を家紋にした。

■経歴
江戸初期の有能な大名。別名・知恵伊豆→知恵出づと呼ばれた。大河内久綱の嫡子、武蔵川越藩主。8歳で叔父松平正綱の養子となり家光の小姓となった。家光の死後、四代将軍綱吉に仕え、島原の乱、由比正雪の乱、明暦の大火などを治めた。長く老中を勤め、寛文2年（1662）没。享年62歳。

家系図

```
大河内久綱 ─┬─ 信綱 ── 輝綱
(養父松平正綱)│
            └─ 重綱 ── 吉綱
```

小馬印
白地九本骨三つ扇
文献同左

まつだいら　やすなが

松平康長

永禄5～寛永9年（1562～1633）

「丸に三つ葵」

「六つ星」

「戸田連翹」

旗印
白地に黒の引両二段、金団扇の出し
「諸将旗図屏風」（文献48掲載）静岡市芹沢美術館蔵

■ **家紋と旗紋**
戸田系松平家の家紋は「丸に三つ葵」、「六つ星」に「戸田連翹」。戸田は尾張の戸田荘の出によるという説もあるがはっきりしない。黒の二引、段々の旗紋との関係は不明。

■ **経歴**
家康の手で元服、松平姓を賜り、戸田松平の祖となった。慶長5年（1600）関ヶ原の戦いで大垣城を攻め、元和3年（1617）信濃松本7万石を領した。

家系図

（松平・戸田系）

政光━━康光━━康長━━康直━━光重━┳光永
　　　　　　　　　　　　　　　　　┣光正
　　　　　　　　　　　　　　　　　┗光直

番指物
金地に黒の段々の四半
出典同上

まつだいら　やすしげ

松平康重

永禄11〜寛永17年（1568〜1640）

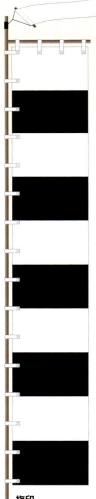

旗印
白黒五段に白の招き
「諸将旌旗図屏風」（文献48 掲載）
静岡市芹沢美術館蔵

「蔦」

「棚倉梅」

■ **家紋と旗紋**
康重の父忠次が今川の人質になっていた家康夫人（築山殿）を長男信康と人質交換で救い出し東条城をも攻め落とした功で、家康は忠次に松平康親を名乗らせた。家紋は「蔦」に「棚倉梅」。家紋と白黒段々の旗紋の関係は不明。

■ **経歴**
父康親の代に松平姓を賜り、康重は松井松平家初代。家康に仕え、長篠合戦、小田原征伐参戦ののち、武蔵国騎西藩2万石を与えられ、丹波国篠山藩5万石を経て元和元年（1619）摂津岸和田藩6万石を領した。

家系図

（松平・松井系）

（松井）　　（松井）（松平）　　（松平）
中直 ——— 忠次（康親）——— 康重 ┬ 康政
　　　　　　　　　　　　　　　　 └ 康映

まつだいら まさかつ

松平昌勝

寛永13～元禄6年（1636～1693）

「丸に三つ葵」

「三つ頭右巴」

■家紋と旗紋
家康二男秀康の孫昌勝は越前松岡藩に新封を得て松岡松平家と呼ばれた。家紋は「丸に三つ葵」。祖父秀康の家紋が「右三つ巴」であったので昌勝は自分の旗印にも「右三つ巴」を掲げていたと思われる。家紋にも右三つ巴を使っていたのかもしれない。ただし、旗紋にある。「諸将旌旗図屏風」（文献48掲載）の「右三つ巴」はやや変形し、巴部がやや細い。

■経歴
昌勝は忠昌の長男であったが庶出であったため福井藩を継ぐことができず、正保2年（1645）越前松岡藩5万石初代藩主となった。しかし、本家相続がかなわなかったことに不満をいだき、のち福井騒動を引き起こす原因を作った。

家系図
（松平・越前松岡系）

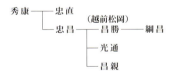

旗印
白紺二段分けに右三つ巴
「諸将旌旗図屏風」（文献48掲載）
静岡市芹沢美術館蔵

松浦鎮信

<small>まつら しげのぶ</small>

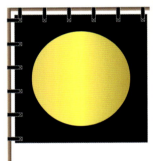

流れ旗
白地に黒の松浦星、
二引に梶の葉
『松浦法印征韓日記』

旗印
赤地に白の松浦星、二引
出典同左

背旗
黒絹に金の丸
出典同左

天文18〜慶長19年（1549〜1614）

「松浦梶の葉」

「松浦星」

「丸の内二つ引」

■ **家紋と旗紋**

松浦家の家紋は「梶の葉」（「平戸梶」または「松浦梶の葉」）、「三ツ星（松浦星）」、「丸に二つ引」（丸の内二つ引）。諏訪明神の神紋である「梶の葉」の旗は「海賊大将軍」の名がある松浦氏にとって海上の安全を守る護符であった。また、大将軍星、左将軍星、右将軍星をさす「三ツ星」の旗や神酒を容れる神祭具の瓶子をつけた「三ツ星瓶子紋」の旗もあった。法印自身は「黒絹の四方に大きく金の日の丸」を背旗とし、朝鮮出征7年間一度も敗れたことがなかった。

■ **経歴**

平戸で南蛮貿易を行い松浦氏発展の基礎を築いた松浦隆信の長男。天正15年（1587）父と共に秀吉の九州平定に参加し、所領を安堵された。同17年（1589）出家して法印と号し、朝鮮に出兵。慶長5年（1600）関ヶ原の戦いでは豊臣方に加わる予定だったが下関から引き返し、戦後壱岐国6万3千石他の本領を安堵された。

家系図

（法印）
興信───隆信───鎮信（法印）───久信

三ツ星瓶子紋の旗
白地に黒の松浦星と瓶子二つ
出典同左

まつね　ひろちか

松根弘親

生没年不詳 推定元和〜正保（1615〜1648年頃）

「丸に二つ引」
（推定）

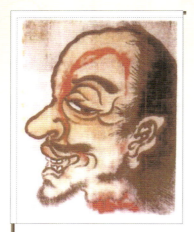

■家紋と旗紋
松根新八郎弘親が女の幽霊に頼まれて恨んでいる男の護符を取り除いてやったところ、幽霊は男を殺し、その生首を置いていったのを縁に生首の絵を旗印にしたと伝えられる（男が生首を預かってくれと頼んだという説もある）。この旗を調べるうちに筆者は松根家の子孫でとても素敵な婦人にお会いすることができた。松根家はこの旗を昭和51年宇和島市に寄贈、現在宇和島市立伊達博物館に保管されている。平成16年に松根一族が伊達家に家老として仕えた松根守宣の三百回法要を行ったという。弘親の家紋は松根家が最上氏の庶家であるところから「丸に二つ引」と推定する。ただし、お会いした松根さんの家紋は桐紋といっておられた。

■経歴
伊達政宗の家臣。数々の戦いで功をあげて政宗に信頼され、元和元年（1615）政宗の子秀宗とともに伊予宇和島に移った。

家系図

指物
生首の大四半
宇和島市立伊達博物館蔵

みずの かつなり

水野勝成

永禄7～慶安4年（1564～1651）

「永楽銭」

「裏銭」

「丸に立沢潟」

■ 家紋と旗紋
水野家の家紋は「永楽銭」、「裏銭」、「丸に沢潟」に「水野六葉」、「五三の桐」があった。「裏銭」は裏永楽ともいったが、永楽銭の裏という形状の特徴はなく、他の無紋銭と同じである。戦いでは表裏の永楽銭の旗が陣頭に掲げられた。

■ 経歴
家康の従兄弟、三河刈谷城主水野忠重の子。家康に仕え諸戦に参陣、のち父忠重との不和から秀吉、佐々成政、小西行長らに仕えた。慶長5年（1600）忠重の死去により遺領を継ぎ、大坂夏の陣ののち大和郡山6万石を経て元和6年（1620）福山10万石。

家系図

忠正──忠重──勝成──勝俊──勝貞

旗印
黒地に永楽銭三つ
「諸将旌旗図屏風」
（文献48掲載）
静岡市芹沢美術館蔵

旗印
黒地に裏銭三つ
出典同左

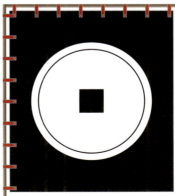

番指物
黒地に裏銭の四半
出典同左

みずのや　かつとし

水谷勝俊

天文 11 〜 慶長 11 年（1542 〜 1606）

「離れ右三つ巴」

■ **家紋と旗紋**
巴紋には変形巴を使う 340 余家が使う（『日本家紋大事典』丹羽基二）ほど多くの種類があるという。その中で文献 43 に掲載された上記旗紋は「離れ右三つ巴」。この紋が勝俊の家紋、旗印と推定した。さらに、文献 43 等には旗の地色に関する記載がなく不明のため、旗の地色は黒、紋白と推定した。

■ **経歴**
安土桃山時代から江戸時代初期の武将、大名。常盤下館城主。別名は弥五郎、伊勢守、右京大夫、他。のち、兄正村の養子。永禄 9 年（1566）下総臼井で上杉謙信と交戦。天正 18 年（1590）兄正村から家督を譲られて 2 万 5 千石。のち家康に仕え、慶長 5 年（1600）関ヶ原合戦に参陣、慶長 11 年（1606）65 歳で死去。

旗印
黒字に白の離れ三つ巴
（色推定）

■ **家系図**

治持 ─┬─ 正村 ── 勝俊（養子） ── 勝隆
　　　└─ 勝俊

番指物
黒地に「八」の字
（色推定）

みぞぐち　のぶなお

溝口宣直

慶長10〜延宝4年（1605〜1676）

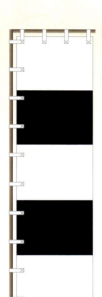

旗印
白黒四段
「諸将旌旗図屏風」
（文献48掲載）
静岡市芹沢美術館蔵

「溝口菱」

「腰低細井桁」

■ 家紋と旗紋
溝口家の家紋は「五階菱」に「井桁」。「五階菱」はのち「溝口菱」と呼ばれ、「井桁」はその形から「腰低細井桁」という。家紋と旗紋の関係は不明。番指物の名を「蛇の目」としたが、「諸将旌旗図屏風」（文献48掲載）にある形は輪の部分が「蛇の目」紋よりやや細く「蛇の目輪」に似ている。

■ 経歴
寛永5年（1628）父宣勝の死により家督を継ぎ越後新発田藩第三代藩主。3人の弟に所領を分与し新発田藩は5万石となった。江戸城普請や新発田川の改修に尽力した。

家系図

秀勝 ── 宣勝 ── 宣直 ─┬─ 重雄
　　　　　　　　　　　├─ 主殿
　　　　　　　　　　　└─ 直倫

番指物
黒地に金に蛇の目の四半
出典同上

むかい ただかつ

向井忠勝

天正10〜寛永18年（1582〜1641）

自身指物
茶色地にむの字の四方（推定）
『大坂両陣関東諸将軍器詳図』
（文献24掲載）

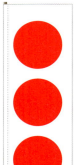

足軽指物
白地朱の丸五つ
「諸将旌旗図屏風」
（文献48掲載）
静岡市芹沢美術館蔵

「上り藤」

「丸に二つ引」

「五七の桐」

■ **家紋と旗紋**
向井家の家紋は「上り藤」、「丸に二つ引」、「五七の桐」。忠勝の自身指物は『大坂両陣関東諸将軍器詳図』では四方旗だが、「諸将旌旗図屏風」（文献48掲載）では切裂旗になっている。ここでは前者を参照した。また、この旗の「む」の一字は向井家の頭文字で、忠勝が家光の命で製造を指揮した御座船「安宅丸（アタケマル）」にこの旗が掲げられている。この旗の地色ははっきりしないので茶色と推定した。

■ **経歴**
徳川水軍御船奉行・向井正綱の子。大坂冬の陣では水軍を率い、九鬼守隆と協力して大坂湾を押さえ大坂城落城に結びつけた。寛永2年（1625）知行6千石となり幕府の軍船整備に尽力、竜骨を持つ和洋折衷の軍船安宅丸を世に送り出した。

家系図

```
正重──正綱──忠勝─┬─正俊
                  ├─忠宗
                  ├─正興
                  └─正方──正盛
```

番指物
白地朱の丸
出典同左

むらかみ　よしきよ

村上義清

文亀3～天正元年（1503～1573）

「丸に上の字」

「五三の桐」

■家紋と旗紋
村上氏の系譜はなぞが多いが、一族の家紋として「丸に上の字」、「五三の桐」があった。義清の活躍した時代にはまだ流れ旗があったが、やがて乳付旗にとって替わられる。

■経歴
北信濃葛尾城主。天文17年（1548）小県へ攻め入ってきた武田晴信（信玄）を撃退して大勝をおさめ、佐久、小県、埴科などで大きな勢力を誇った。しかしその後、晴信の家臣真田幸隆により砥石城を奪われ、義清は長尾景虎（上杉謙信）を頼ったが、このことが川中島の戦いの一因となった。

家系図
政国 ── 顕国 ── 義清 ── 国清
　　　└ 頼房

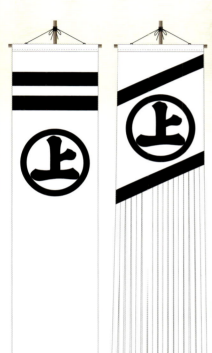

流れ旗
白地に二引両、
丸に上文字
『甲越信戦録』

切裂旗
白地に二引両、
丸に上文字
出典同左

もうり かつなが

毛利勝永

天正5〜慶長20年（1577〜1615）

「鶴の丸」

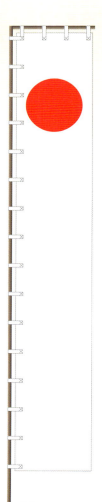

旗印
白地日の丸

■ 家紋と旗紋
鶴の丸を自家の紋とした森蘭丸の先祖と勝永の先祖が森から毛利に苗字を替えた経緯があり、その関係で毛利勝永は鶴の丸を使用したという話があるが、その真偽や関連は不明。
「難波戦記」には「本丸には秀頼公並びにご母堂、御台所。豊前守勝永、旗白地日の丸、或いは直違（すじかい）とも。・・・」とある（文献43掲載）。

■ 経歴
安土桃山時代から江戸時代初期の武将、毛利吉成の子。別名　豊前守、吉政。秀吉の臣。天正15年（1587）豊前で1万石。慶長5年（1600）関ヶ原の戦いで西軍に属したため父と共に土佐山之内一豊に預けられる。同19年、土佐から脱走して大坂城に入り、元和元年（1615）大坂落城により自殺。

家系図

勝信（壱岐守）（吉成）─┬─勝永（吉政）───勝家
　　　　　　　　　　　└─吉近

毛利元就

もうり　もとなり

明応6〜元亀2年（1497〜1571）

「一文字三ツ星
（長門三ツ星）」

「長門沢潟」

■家紋と旗紋
毛利家の家紋は「一文字三ツ星」、「抱き沢潟（長門沢潟）」に「菊」、「五七の桐」があった。「一」はカツと読み、三ツ星は将軍星と呼ばれる戦場にふさわしい紋であった。「沢潟」は別名「勝軍草」といわれ、また、旗紋に使った「真理支天」は日本では常にその姿を隠して災難を除き利益をもたらす武門の守り本尊とされた。すべてが武門の縁起にかなうものであった。真理支天の旗は元就が軍の標識として用いた流れ旗である。

■経歴
弘元二男。兄興元の死によりその子幸松丸の後見人となったが、幸松丸も9歳で死亡したため毛利氏の家督を継ぎ、郡山城主となる。のち、陶晴賢、尼子義久らを倒し、中国地方10ヵ国を領する大大名にのし上がった。

家系図

摩利支天の旗
白地に真理支天名号と一品の旗
『雲州軍話』

もうり　てるもと

毛利輝元

天文22〜寛永2年（1553〜1625）

「一文字三ツ星
（長門三ツ星）」

「長門沢潟」

■ 家紋と旗紋
家紋および旗紋のいわれは毛利元就と同じ。紅地に一文字三ツ星の旗は「毛利輝元陣中使用旗」といわれるものである。

■ 経歴
毛利隆元の長男、元就の孫。父の死により11歳で家督を継いだため、祖父元就が実権を掌握した。その後天正12年（1582）輝元は信長と戦い秀吉と対戦したが、本能寺の変以後秀吉に仕えた。天正19年秀吉から中国筋9カ国120万石を与えられ、五大老の一人となった。しかし、慶長5年（1600）関ヶ原の戦いでは豊臣方に味方したため、周防・長門の二ヵ国に減封された。

家系図

弘元 ─┬─ 興元 ─── 幸松丸
　　　├─ 元就 ─┬─ 隆元 ─── 輝元 ─── 秀就 ─── 綱広
　　　└─ 元綱　└─ 元清 ─── 秀元

旗印
紅地に一文字三ツ星
山口県立山口博物館蔵

もうり　ひでなり

毛利秀就

文禄4～慶安4年（1595～1651）

旗印
赤地に中白
「諸将旌旗図屏風」
（文献48掲載）
静岡市芹沢美術館蔵

「一文字三ツ星
（長門三ツ星）」

「長門沢潟」

■家紋と旗紋
家紋は毛利元就と同じ。旗の赤はやや暗い茜色であったようだ。

■経歴
江戸初期の大名。初代萩藩主、毛利輝元の長男。慶長5年（1600）関ヶ原の戦いののち、父輝元から家督を相続、同8年家康の孫娘、結城秀康の女喜佐姫と結婚。大坂の役には徳川方として参陣した。

家系図

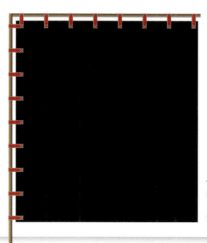

使番指物
総黒の四半
「諸将旌旗図屏風」（文献48掲載）
静岡市芹沢美術館蔵

もうり ひでもと

毛利秀元

天正7～慶安3年（1579～1650）

「一文字三ツ星
（長門三ツ星）」

「長門沢潟」

■家紋と旗紋
秀元が引き継いだ毛利家の家紋は「一文字三ツ星」、「抱き沢潟（長門沢潟）」に「菊」、「五七の桐」があった。「一」はカツと読み、三ツ星は将軍星と呼ばれる戦場にふさわしい紋であった。「沢潟」は別名「勝軍草」といわれた。

■経歴
天正20年（1579）主家毛利輝元の養子となり、文禄・慶長の朝鮮出兵には輝元に代わり指揮をとった。文禄4年（1595）輝元に実子秀就誕生のため周防山口に20万石分与された。慶長5年（1600）関ヶ原の戦いの後、長門府中5万石に減転封。

■家系図

旗印
赤地白餅
「諸将旌旗図屏風」（文献48掲載）
静岡市芹沢美術館蔵

もうり たかまさ

毛利高政

永禄2～寛永5年（1559～1628）

「丸に矢筈」

「佐伯鶴丸」

「五三の桐」

■家紋と旗紋
佐伯毛利家は関ヶ原の後、毛利高正が長州藩支封佐伯に転封となった家系。家紋は秀吉の命もあって「矢筈」、「鶴の丸」に「五三の桐」を用いた。「鶴の丸」はのち「佐伯鶴丸」と呼ばれた。「矢筈」は矢の上端の弓弦を受ける部分の名前をいい、それが紋所の名になった。高正はこれを旗紋に用いた。

■経歴
長州豊後国佐伯藩初代藩主。天正10年（1582）備中高松城攻めで織田方の人質として毛利氏に預けられた縁で毛利姓を名乗る。のち秀吉に仕え、大坂城築城、朝鮮出兵で活躍。慶長5年（1600）関ヶ原の戦いでは豊臣方から徳川方へ寝返り、のち家康のもとで豊後佐伯城主。

家系図
（佐伯毛利家）

```
（森）    （毛利）
高次 ─┬─ 高政 ─┬─ 高定
      └─ 重政  └─ 高成
```

旗印
紺地白羽
「諸将旌旗図屏風」（文献48掲載）
静岡市芹沢美術館蔵

もがみ　よしあき

最上義光

天文15～慶長19年（1546～1614）

「丸に二つ引」

「五七の桐」

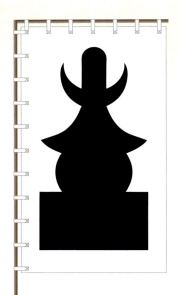

■家紋と旗紋
最上家の家紋は「丸に二つ引」、「五七の桐」、「丸に竹に雀」他があった。旗紋に掲げた「五輪の塔」は平安・鎌倉期には密教の教主・大日如来を意味し、鎌倉期以後は供養塔・墓標を意味した。

■経歴
奥州最上氏第11代当主。義守の子。天正15年（1577）上杉景勝、伊達政宗らと抗争。秀吉に仕え、山形城13万石を領した。慶長5年（1600）関ヶ原の戦いでは結城秀康を援けて上杉景勝と戦い、戦後功により出羽庄内を加えて57万石を領した。

家系図

旗印
白地に黒の五輪塔
「大坂夏の陣図屛風」最上屛風
（文献6掲載）　大阪城天守閣蔵

もり　ながよし

森長可

永禄元～天正12年（1558～1584）

「森鶴の丸」

「五三の桐」

「根笹」

旗印
総白に白の招き
「小牧長久手合戦図屏風」
（文献49掲載）
成瀬家蔵

■家紋と旗紋
森家の家紋は「森鶴の丸」、「五三の桐」、「根笹」。長可は長久手の戦いで破れるが、その姿が「小牧長久手合戦図屏風」（文献49掲載）左部の小丘陵のところに描かれている。総白の旗はすでに倒れ、長可は三つ鱗の馬印のそばに落馬し、鶴の丸の大馬印は逃げはじめている。

■経歴
可成の二男。蘭丸、忠政はその弟。鬼武蔵とあだ名された猛者。永禄元年父可成の領を継いで美濃金山城主となり、信長に仕えた。天正10年（1582）織田信忠に従って高遠城を攻撃し、その功により加増されて20万石。信長没後秀吉に仕え、長久手の戦いで討死した。

家系図

```
可行 ─┬─ 可成 ─┬─ 長可 ── 忠政 ── 長継
      └─ 可政  ├─（蘭丸）           ↑
                ├─ 長定
                └─ 忠政 ┄┄┄┄┄┄┄┄┄┘
```

大馬印
白地大四半に鶴の丸
出典同左

馬印
白地に隅合せ三つ鱗に軍配団扇の四半
出典同左

もり ただまさ

森忠政

元亀元〜寛永11年（1570〜1634）

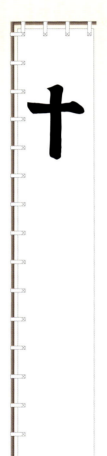

「森鶴の丸」

「五三の桐」

「根笹」

■家紋と旗紋
森家の家紋は「森鶴の丸」、「五三の桐」、「根笹」（森長可参照）。忠政の旗印は筆十字だが、これは忠政と同じころに生まれ育った従兄弟の重政、可澄が「丸に十字」を替紋に使ったことと何らかの関係があると思われる。

■経歴
森可成の六男、長可、長定（欄丸）の実弟。天正12年（1584）兄・長可戦死により遺領を継ぎ、秀吉に仕えて美濃金山7万石を領した。のち家康に仕え、慶長5年（1600）関ヶ原の戦いでは秀忠配下で活躍し、戦後美作津山18万6千石余に加増され転封。

■家系図

旗印
白地に筆十字
『大坂両陣関東諸将軍器詳図』（文献24掲載）
「諸将旌旗図屏風」（文献48掲載）静岡市芹沢美術館蔵

やまがた まさかげ

山県昌景

享禄2〜天正3年（1529〜1575）

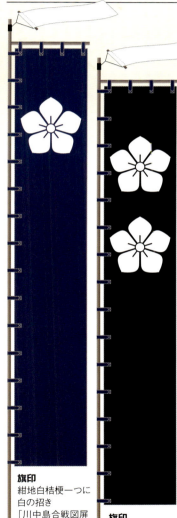

旗印
紺地白桔梗一つに
白の招き
「川中島合戦図屏風」（文献49掲載）
にしむら博物館蔵

旗印
黒地白桔梗二つに白の招き
「川中島合戦図屏風」（文献49掲載）
成瀬家蔵

「桔梗」

■家紋と旗紋
昌景の家紋は「桔梗」。昌景は黒地に白く桔梗をつけた旗印で知られた。また、兄虎昌が指揮したといわれる武田赤備を昌景が引継ぎ、昌景も自分の隊の軍装を赤に統一した。これがのち井伊直正や真田幸村にも採用された。

■経歴
武田信玄の家臣。永禄8年（1565）信玄の嫡子義信の謀反に連座して兄飯富虎昌が誅殺された後、山県姓にあらためた。天正3年（1575）武田勝頼に従い長篠合戦に参戦したが、胸板を打ち抜かれ馬上のまま戦死したという。

家系図

やまざき　いえはる
山崎家治

文禄3〜慶安元年（1594〜1648）

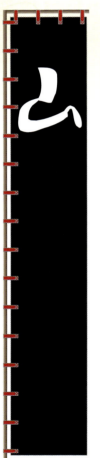

「緋扇に四つ目
（山崎扇）」

「笹竜胆」

■ 家紋と旗紋
山崎家の家紋は「緋扇に四つ目（山崎扇）」、替紋に「笹竜胆」。家治は山崎の山の字を旗紋として掲げた。

■ 経歴
因幡若桜3万石藩主、山崎家盛の子。慶長19年（1614）父の死により家督を相続。同年大坂冬の陣で徳川方に味方し功をあげた。のち築城の名手として活躍し、寛永18年（1641）讃岐国丸亀5万3千石。

家系図
片家────家盛────家治─┬─俊家────治頼
　　　　　　　　　　　　└─豊治

旗印
黒地に白抜きの山の一字
「諸将旌旗図屏風」
（文献48掲載）
静岡市芹沢美術館蔵

使番指物
黒地に白抜きの山の一字
出典同左

やざわ よりつな

矢沢頼綱

生没年不詳（推定：室町時代後期～安土桃山時代後期）

「六連銭」　「鳥居」

■家紋と旗紋
「矢沢頼綱の表紋は六連銭だが本来は鳥居紋と梶の葉であったという（文献68掲載）。
「梶の葉」紋は種類が多く特定できなかったので掲載していない。

■経歴
「矢沢頼綱は真田幸綱（幸隆）の実弟、昌幸の叔父。はじめ綱頼、後に武田勝頼から偏諱（へんき：将軍、大名が功のあった臣に自分の名の一字を与えること）あり、「頼綱」を受けたものとみられる。……頼綱は嫡男の三十郎頼幸ともに真田氏躍進期の大功労者である"（文献68より）。
ただし、真田氏の場合、幸隆以前については確実な名や事績が伝えられておらず、矢沢頼綱の父の名は不明。

家系図

旗印
鳥居紋旗指物
矢沢頼綱所用、
上田市矢沢自治会
（文献68掲載）

やまのうち　かずとよ

山内一豊

天文 15 ～慶長 10 年（1546 ～ 1605）

「丸に土佐柏」

「山之内一文字」

「立浪」

旗印
黒地中白に土佐柏
「関ヶ原合戦図屏風」
（文献 49 掲載）彦根・
井伊家蔵／彦根・木
俣家蔵

■ 家紋と旗紋
山之内家の家紋には「丸に土佐柏」、「白黒一文字（山之内一文字）」、短期間使用した「立浪」があった。一豊は「三つ柏」を旗紋に掲げた。この他に一豊の出陣に当たって真如寺の禅僧在川からはなむけられた「無の一字旗」が有名。この原画は『日本紋章学』沼田頼輔に紹介されている"「無地居紋の四半旗」公爵山之内家所蔵"と思われるが、その字体は各種武鑑にある「無」の字体と異なる。ここでは掲載しない。

■ 経歴
信長家臣・盛豊の二男。秀吉の家人となり近江長浜に 4 百石、天正 13 年（1585）若狭高浜城 1 万 9 千 8 百石、同年近江長浜 2 万石城主となった。慶長 5 年（1600）関ヶ原の戦いは徳川方につき、戦後家康から土佐 20 万石余を受け高知城に入った。妻の内助の功の話は有名。

家系図

馬印
黒地に白の土佐柏の四半
出典同左

結城秀康

ゆうき ひでやす

天正2～慶長12年（1574～1607）

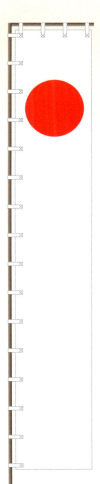

旗印
白地日の丸（推定）
『真雪草子』 松平春岳

「三つ頭右巴」

「五七の桐」

■家紋と旗紋
結城家の家紋は「三つ頭右巴」に「五七の桐」。幕末の名君福井藩16代当主松平春岳の著した『真雪草子』には白地日の丸が結城家のものであり、先祖以来の船印にも用いたとある。ここに掲載する旗はこれによる推定である。日の丸は地色に関係なく金の丸や朱（赤）の丸は「日の丸」と呼ばれ、多くの武将・大名が日の丸を用いた。

■経歴
家康の二男。秀吉の養子となり、秀吉と家康の一字を取って秀康と名乗った。天正18年（1590）下総国結城城主、結城晴朝の養子となる。慶長5年（1600）関ヶ原の戦いでは下野国宇都宮に出陣して、会津の上杉景勝の西上を阻止した。その後、秀康は旧姓松平に戻って、越前国北荘75万石城主となり、福井藩の基礎を築いた。

家系図

政勝 ─── 晴朝 ───（徳川）秀康 ─┬─ 忠直 ─── 光長
　　　　　　　　　　　　　　　　└─ 忠昌

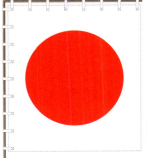

馬印
白地日の丸の四半（推定）
『真雪草子』 松平春岳

わきざか　やすはる

天文23～寛永3年（1554～1626）

脇坂安治

「輪違い」

「桔梗」

「五三の桐」

■家紋と旗紋
脇坂家の家紋は「輪違い」、「桔梗」、「五三の桐」があった。「関ヶ原合戦図屏風」津軽屏風（文献49掲載）左隻左側下部には、脇坂ら、かねてより東軍に内通していた輪違いの幟の集団が、逃げていく豊臣方に鉄砲を撃ちかけている姿が見られる。さらに「背後では華麗な姿の大将が指揮をとっている……脇坂安治その人とみなす」（『戦国合戦図屏風集成』中央公論社）とあるが、この人物の旗紋は縦の輪違いであり、安治の家紋、横の「輪違い」と食い違っている。

■経歴
脇坂安明の長男、代々近江在住。明智光秀に仕えて頭角を表し、信長、秀吉に仕えた。天正11年（1583）賤ヶ岳の戦いで七本槍の一人として活躍、洲本3万石を領した。関ヶ原では豊臣方から徳川方に寝返り、戦後所領を安堵され慶長14年（1609）伊予大洲5万3千石。

家系図

旗印
総赤に白の輪違い二つ
「関ヶ原合戦図屏風」津軽屏風
（文献49掲載）個人蔵

わきざか やすもと

脇坂安元

天正 12～承応 2 年 (1584～1654)

「輪違い」

「桔梗」

「五三の桐」

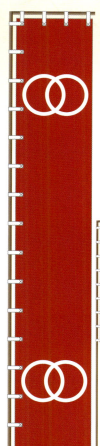

旗印
総赤に白の輪違い二つ
「諸将旌旗図屏風」
（文献 48 掲載）
静岡市芹沢美術館蔵

■ **家紋と旗紋**

脇坂家は安元も家紋は「輪違い」を使用した。「秀吉御威にて、向後輪違いをなんじが家の紋と仰せらるるに……白き輪抜きを脇坂の紋とす」（『脇坂家伝記』、『大名家の家紋』高橋賢一の引用より）。ところが『大坂両陣関東諸将軍器詳図』にある安元（脇坂淡路守）の旗紋も縦の「輪違い」であり、一方「諸将旌旗図屏風」（文献 48 掲載）にある安元の輪違いは家紋と同じ横である。関ヶ原には安治、安元が一緒に参戦したというが、このとき安元はまだ数え 17 歳。「関ヶ原合戦図」同上の縦「輪違い」の旗は安治のものと見るのが自然であろう。あるいは、縦、横両方で使っていたのだろうか。

■ **経歴**

安治の二男。慶長 5 年（1600）関ヶ原の戦いには父安治とともに参戦。大坂冬・夏の陣に参戦後、父の急逝により家督を相続した。

家系図

大馬印
赤の大四半に白の輪違い
「諸将旌旗図屏風」（文献 48 掲載）
静岡市芹沢美術館蔵

コラム◎十二

相馬野馬追……遥かなる歴史

　いま、戦国合戦当時の姿を等身大で見るには、あちこちの博物館を訪ね歩き、合戦図屏風を見るか、歴史の舞台となった土地の神社の祭りに出かけるしかない。ところが、毎年7月最終土〜月曜日に行われる相馬野馬追では威風堂々・大迫力の戦国絵巻を見ることができる。

　この祭りは、相馬氏の始祖と言われる平将門が年々兵を集め、領内に野生馬を放し、敵とみなして軍事訓練をしたことに始まると言われる。鎌倉時代以来奥州の豪族であった相馬氏は、義胤の代の天正18年（1590年）に秀吉から宇多・行方・標葉の三郡4万8千石余を安堵された。しかし、この後関ヶ原の戦いで徳川軍に出陣しなかったため領地を召し上げられたが、慶長7年（1602）には嫡

神旗争奪戦

総大将出陣

お行列

子利胤が家康から本領を安堵され、中村（相馬）藩が立藩された。これにより奥州相馬氏は、鎌倉時代以来同一地域を領有し続けた。その後、名君と言われた忠胤は明暦元年（1655）から領内総検地を進め、藩政を刷新しやがて明治を迎える。

　この祭りは承平・天慶（930年）ごろから1千有余年の野馬追の歴史を持つが、長年の間には中断することもあった。しかし、明治11年に再興され、現在は無形文化財に指定された。震災後も毎年数万人の見物客、激励に訪れる客が増え、賑わうようになってきた。

甲冑競馬

野馬懸

東日本大震災と相馬野馬追

「平成23年3月11日、東北地方の太平洋沖を震源とするマグニチュード9の巨大地震が発生し、相馬地方では震度6強～6弱の揺れを観測……また、その後発生した巨大津波は・・数多くの尊い命が犠牲となりました。

さらに、その後起こった東京電力福島第一原子力発電所の爆発事故は、近隣市町村のみならず、東日本各地に放射性物質をまき散らしました。特に原発から北西方向に飛んだ高濃度の放射性物質は、相馬地方に最も多く降り注ぎ……そこに住んでいた多くの方たちが故郷を追われ、避難生活を強いられる事態に陥りました。

野馬追に出場される方・その家族の方をはじめ、当地方で飼育されていた馬も津波の犠牲となり……野馬追も危機を迎えました。しかし、犠牲となった方々への鎮魂、そして深い傷を負った相馬地方の復興と安寧を祈り、野馬追は継続されました。

上記は、『野馬追の今昔 ガイドブック』改訂版 平成27年7月南相馬市博物館 から許しを得て震災について記載された部分を引用、紹介するものです。5年前とんでもない災害が相馬地方、他を襲いました。復興はいまなお途上にあると思われます。 相馬の人々の日々の生活、そして生きる楽しみであり、誇りである野馬追が一日も早く復興・発展されることを心から祈ります。

蘇れ! 相馬野馬追、被災したすべての方々、動物たち!（画像：相馬野馬追執行委員会提供）

参考文献一覧

NO	書名・著者・出版社	刊行年
1	『歴史と旅　戦国動乱135の戦い』秋田書店	1997
2	『戦国人名辞典』安部猛・西村圭子編　新人物往来社	1987
3	『戦争の日本史7・蒙古襲来』新井孝重　吉川弘文館	2007
4	『戦国武家事典』稲垣史生　青蛙房	1970
5	『歴史と色を彩る日本の色』大岡信、他　講談社	1979
6	『いくさ場の光景』大阪城天守閣収蔵戦国合戦図展　大阪城天守閣	2009
7	『甲越信戦録』岡澤由往訳　龍鳳書房	2007
8	『日本の家紋』荻野三七彦　人物往来社	1965
9	『信長公記』奥野高弘・岩沢愿彦 校正 角川書店	1969
10	『戦国武将』小和田哲男 中央公論社	1993
11	『戦国合戦事典』小和田哲男 PHP研究所	2000
12	『甲陽軍鑑入門』小和田哲男　角川学芸出版	2006
13	『学研　漢和大字典』学習研究社	1982
14	歴史群像シリーズ『図説 戦国合戦図屏風』学習研究社	2004
15	新・歴史群像シリーズ『関が原の戦い』学習研究社	2006
16	歴史群像シリーズ『図説　戦国武将118』学習研究社	2007
17	『日本史探訪　7～13』角川書店編	1985
18	『江戸期の絵のぼり』北村勝史　絵手紙㈱	1999
19	『館蔵品図録　戦国合戦図屏風』岐阜市歴史博物館	2008
20	『家紋　秘められた歴史』楠戸義昭　毎日新聞社	1991
21	『日本家紋大鑑』熊坂利雄　新人物往来社	1979
22	『公家諸家系図』諸家知譜拙記　群書類聚完成会	1966
23	『世界文化史年表』芸心社	1980
24	『大坂両陣関東諸将軍器詳図』国史研究会編輯部編纂	1916
25	『甲陽軍鑑』上中下　腰原哲朗訳　教育社	1979
26	『藩史総覧』児玉幸多・北島正元監修　新人物往来社	1979
27	『悲劇の回り舞台―最上一族の事件簿』小林隆　荘内報社	1993
28	『時代考証　日本合戦図典』笹間良彦　雄山閣	1997
29	『図説　太平記の時代』佐藤和彦　河出書房新社	1991
30	『古事類苑　兵事部』神宮司庁　吉川弘文館	1998
31	歴史読本『戦国大名家　系譜総覧』新人物往来社	1977
32	『日本姓氏紋章総覧』新人物往来社	1989
33	別冊歴史読本『戦国時代人物総覧』新人物往来社	1992
34	歴史読本『江戸大名家誕生物語』新人物往来社	2000

35	別冊歴史読本『戦国武将列伝』 新人物往来社	2006
36	別冊歴史読本・事典シリーズ　日本『家紋由来』総覧　新人物往来社	2006
37	別冊歴史読本『合戦絵巻　合戦図屏風』新人物往来社	2007
38	『源平盛衰記絵巻』 青幻社	2008
39	『毛利の城と戦略』成美堂出版	1996
40	『図説　伊達政宗』仙台市博物館編　渡辺信夫　河出書房	1996
41	仙台市博物館収蔵資料図録『武器・武具』改定版　仙台市博物館	2006
42	『相馬野馬追絵図帖』相馬野馬追保存会	2001
43	『旗指物』高橋賢一　人物往来社	1965
44	『武家の家紋と旗印』高橋賢一　秋田書店	1973
45	『大名家の家紋』高橋賢一　秋田書店	1974
46	『家紋・旗本八万騎』高橋賢一　秋田書店	1976
47	『新訂　寛政重修諸家譜　家紋』千鹿野　茂	1992
48	『戦国合戦絵屏風集成』第5巻（諸将旌旗図屏風）中央公論社	1988
49	『戦国合戦絵屏風集成』第1巻～第5巻、別巻　中央公論社	1988
50	シリーズ—人間とシンボル第2号『都市の旗と紋章』㈱中川ケミカル	1987
51	『国別　守護・戦国大名事典』西ヶ谷恭弘　東京堂出版	1998
52	『NHK 歴史への招待26』日本放送出版協会	1983
53	『日本伝統色　色名事典』日本流行色協会	1989
54	『日本紋章学』沼田頼輔　新人物往来社	1972
55	『紋章の知識100』沼田頼輔　新人物往来社	1976
56	『毛利輝元と萩開府』萩博物館	2004
57	林原美術館所蔵『備前池田家の名宝』林原美術館／徳川美術館	2000
58	原町市史　第10巻　特別編Ⅲ『野馬追編』甲冑・旗帳等　原町市	2001
59	原町市史　第10巻　特別編Ⅲ『野馬追編』原町市	2004
60	『紋典』藤枝多三郎　㈱市田商店	1932
61	『世界旗章大図鑑』ホイットニー・スミス　平凡社	1977
62	『ヨーロッパの紋章・日本の紋章』森　護　日本放送出版協会	1982
63	『図解いろは引　標準紋帖』吉野竹次郎　金園社	1987
64	『民芸』第五百四十号　四本貴資　日本民芸協会	1997
65	『特別展　戦う上杉氏』米沢市上杉博物館	2008
66	『武用弁略　巻之五　指物』	-
67	『大坂方諸将旌旗并指物等之図』所載『賜蘆拾葉』国立公文書館東京蔵	-
68	『NHK 大河ドラマ特別展　真田丸』NHK、NHK プロモーション 2016/4 発行	2016

あとがき

　戦国時代から江戸時代初期の旗印、馬印などの種類、本数はいったいどのくらいあるのだろうか。旗印の数は問題ではなく、自分の好きな武将たちの生き様を通してその人物の旗を楽しむ方が多いであろう。一方、旗主の地位が高くなくとも旗の意匠が独特であるために歴史に残った人もいる。だから、旗は持ち主と切り離し、旗そのものを楽しむという道もあるだろう。しかし、小著に掲載されている約450本の旗は日本にある旗の内の一定本数に過ぎないと思われる。

　其々の時代には、合戦図屏風や絵巻等々に描かれている旗があり、さらに合戦の100年後、200年後に纏められデジタル・アーカイブ化された旗の画像集がある。最近多くの図書館で図入り資料を見ることができる。また、関ヶ原の役前後に各藩が図入りでまとめたと思われる「旗帖」がある。相馬野馬追で有名な相馬藩の旗帖には700余本の旗が描かれている。今後、各藩の旗帖が見つかれば、膨大な旗の本数が増えることになると思われる。

　また、小著はおおよそ室町時代末期から江戸初期の旗を対象に研究してきたが、古代の旗や倭寇、海賊が活躍していたころの旗、征夷大将軍の旗、錦旗、南北朝時代の旗、蒙古襲来時の旗、文禄・慶長の役で使われた旗、そして小著が調査対象とした戦国時代から江戸初期の旗でまだ未掲載の多数の旗、水軍の旗や菱垣廻船、樽廻船などの船印、江戸中期の百姓一揆の旗、由比正雪や大塩平八郎の乱の旗、火事場で活躍する纏、幕末維新の旗、戊辰戦争の旗、等々数えればきりがない。見たことの無い旗とその歴史を紐解くのは楽しい。これからも少しづつ調査を進めていきたい。

　2009年7月、世界旗章学会議横浜大会が欧米を中心とする地域から多くの参加者を得て7日間にわたり開かれた。この会議で筆者は日本の戦国時代の旗印についてレクチャーしたが、参加者は家紋ともども大きな関心を示した。特に旗の国英国からは今なお質問が寄せられている。自分の国の歴史を外国の人から知ってもらうことは実に嬉しい。今後も情報交換を続けていきたい。

2016年6月　筆者

加藤鐵雄（かとう・てつお）

元繊維産業取締役。日本旗章学協会会員。旗全般・素材などに造詣が深く、旗の自作なども手がける。

研究対象は戦国武将の旗指物、家紋、キリシタン大名など。

2009年7月、横浜で開催された国際旗章学会議（ICV）23では「The Development of The War Flags of Japanese Feudal Lords in 12〜16th century」（12〜16世紀における大名・武将の旗指物の発展）を講演発表。高い評価を得る。横浜市在住。

戦国武将「旗指物」大鑑

2016年8月10日　初版第1刷発行　　定価はカバーに表示してあります

著　者　加藤鐵雄
発行者　塚田敬幸

発 行 所　えにし書房株式会社
　　　　　〒102-0074　千代田区九段南2-2-7 北の丸ビル3F
　　　　　TEL 03-6261-4369　FAX 03-6261-4379
　　　　　ウェブサイト http://www.enishishobo.co.jp
　　　　　E-mail info@enishishobo.co.jp
印刷・製本　モリモト印刷（株）
図版制作　伊藤和美
装　　丁　又吉るみ子

※禁無断転載

ⓒ 2016 Tesuo Kato　ISBN4-908073-27-4 C0021

定価はカバーに表示してあります
乱丁・落丁本はお取り替えいたします。
本書の一部あるいは全部を無断で複写・複製（コピー・スキャン・デジタル化等）・転載することは、法律で認められた場合を除き、固く禁じられています。

周縁と機縁のえにし書房

世界「地方旗」図鑑

苅安望 著／B5判上製／定価 12,000円＋税　978-4-908073-15-1 C0025

国旗よりさらに踏み込んだ行政区域、県、州の旗を広く紹介することを目的に編集。ほとんど知られていない旗を体系的に紹介する旗章学研究の金字塔。独立国198カ国の政治体制・地方行政単位が地図と共に幅広く理解できる稀有な書。オールカラー

日本「地方旗」図鑑　ふるさとの旗の記憶

苅安望 著／B5判上製／定価 12,000円＋税　978-4-908073-25-0 C0025

3000を超える都道府県、市町村の旗を掲載した比類なき図鑑。日本47の都道府県旗と1741の市町村旗のすべてを正確な色・デザインで地図と共に掲載、解説。「平成の大合併」に伴い廃止された1247の「廃止旗」も旧市町村名とともに掲載。オールカラー

旧制高校の校章と旗

熊谷晃 著／A5判並製／定価 3,500円＋税　978-4-908073-22-9 C0037

外地を含む38の旧制高校の校章（記章・帽章＝バッジ）校旗を完全網羅。図版、画像をふんだんに用い、各デザインに込められた意味、来歴、誇り、伝統……を各校ごとに紹介日本の高等教育の稀有な成功例である旧制高校を、独自の切り口で紹介する初の書！良き時代の気高い精神を次世代につなぐ。オールカラー。

ボンボニエールと近代皇室文化　掌上の雅

長佐古美奈子 著／A5判並製／定価 3,500円＋税　978-4-908073-17-5 C0072

皇室からの小さな贈り物……明治初期、宮中晩餐会の引出物としてはじまった掌サイズの美しく粋な工芸品「ボンボニエール」を学術的に研究・紹介。皇室の文化的使命の一翼を担い独自の発展を遂げたボンボニエールを様々な角度から考察した唯一の本格的研究書。貴重なボンボニエール200点以上掲載。オールカラー。